TÄIELIK PUNGAD JA ÕIED KOKARAAMAT

100 maitsvat ja ilusat söödava lille retsepti

Kristiina Ivanova

Autoriõigus materjal ©2024

Kõik õigused kaitstud

Ühtegi selle raamatu osa ei tohi mingil kujul ega vahenditega kasutada ega edastada ilma kirjastaja ja autoriõiguse omaniku nõuetekohase kirjaliku nõusolekuta, välja arvatud ülevaates kasutatud lühikesed tsitaadid. Seda raamatut ei tohiks pidada meditsiiniliste, juriidiliste või muude professionaalsete nõuannete asendajaks.

SISUKORD _

SISUKORD _ 3
SISSEJUHATUS 7
HOMMIKUSÖÖK JA BRUNCH 9
    1. SUVIKÕRVITSAÕIS OMLETT 10
    2. NASTURTIUMIGA TÄIDETUD MUNAD 12
    3. KÜPSETATUD SINILILLE-MURULAUGUOMLETT 14
    4. APRIKOOSI-LAVENDLI KREPID 16
    5. MUNAD MURULAUKU ÕITEGA 19
    6. GRANOLA SÖÖDAVATE LILLEDEGA 21
    7. KREEMJAS MUNAPUDER SÖÖDAVATE LILLEDEGA 23
    8. PANSIS PANNKOOGID 25
    9. LILLE JÕUDBRASIILIA AÇAÍ KAUSS 27
    10. HOMMIKUSÖÖGI MAGUSKARTUL HIBISKUSE TEEJOGURTIGA 29
    11. MANGO SMUUTIKAUSS 32
SUUPÄID JA SUUPÖÖD 34
    12. SÖÖDAVA LILLETEE VÕILEIVAD 35
    13. TÄIDISEGA NASTURTIUMID 37
    14. NASTURTIUMI KREVETTIDE EELROA SALAT 39
    15. VÕILILLE LILLEPRILLID 41
    16. MAISI- JA SAIALILLI FRITTERS 43
    17. SÖÖDAVAD LILLEDE KEVADRULLID 45
    18. AKAATSIA LILLEPRILLID 47
    19. KITSEJUUST SÖÖDAVATE ÕITEGA 49
PÕHIROOG 51
    20. ADOBO VEISELIHA SALAT HIBISCUS SALSAGA 52
    21. LILLEDE JA JUUSTU SEGARAVIOOLID 55
    22. VÕILILLE LASANJE 57
    23. LAMBALIHA JA PORTULAK KIKERHERNESTEGA 60
    24. FOOLIUMIS KÜPSETATUD KALA MEHHIKO PIPARMÜNDISAIALILLEGA 63
    25. LIBLIKAD KÖÖGIVILJADE JA LAVENDLIGA 65

26. Kõrvenõgese pasta vegan Parmesaniga 67
27. Talvised köögiviljad ja gnocchi 69

SUPID 71

28. Kurgirohu lehtede ja nisuheina supp 72
29. Squashi lillesupp 74
30. Chervil Nasturtiumi supp 76
31. Aasia krüsanteemi kauss 78
32. Must uba Supp & Chive Õitsema s 80
33. Nasturtiumi salatisupp _ 83
34. Apteegitillisupp söödavate lilledega 85
35. Rohelise hernesupp murulauguõitega 87
36. Vichyssoise kurgirohu lilledega 89

SALATID 91

37. Vikerkaare salat 92
38. Mikrorohelised ja lumihernesalat 94
39. Nasturtiumi ja viinamarja salat 96
40. Suvine salat tofu ja söödavate lilledega 98
41. P otato ja Nasturtiumi salat 100
42. Võilille ja Chorizo salat 102
43. Kurgirohi ja kurgid hapukoorekastmes 104
44. Punane kapsas krüsanteemiga s 106
45. Spargli salat 108
46. Pansis salat 110
47. Roheline salat söödavate lilledega 112

MAITSED JA GARNESID 114

48. Nasturtium Pesto 115
49. Maasika lavendli moos 117
50. Kuslapuu siirup 119
51. Violetne kallis 121
52. Lillede garneering juustu jaoks 123
53. Summeeritud violetsed 125
54. Röstitud krüsanteem Sibulad 127
55. Suhkrustatud roosi kroonlehed 129
56. Lilla lilledega infundeeritud mesi 131

57. Kibuvitsa- ja sõstrakaste _ 133

JOOGID 135

58. Matcha ja Nasturtiumi smuutikauss 136
59. Mustika lavendli vesi 138
60. Virsiku smuutikauss 140
61. Magusa lavendlipiima keefir 142
62. Tervendav kuslapuu tee 144
63. Krüsanteemi ja leedriõie tee 146
64. Kummeli ja apteegitilli tee 148
65. Võilille ja takja tee 150
66. Yarrow ja Calendula tee 152
67. Skullcap ja Apelsini Lille Tee 154
68. Calendula Lilled külmahooldustee 156
69. Coltsfoot Lilled Tee 158
70. Roheline kibuvitsa tee 160
71. Echinacea immuunsüsteemi toetav tee 162
72. Punane ristikhein Õitsemas Tonic Tea 164
73. Roosa must tee 166
74. Tervendav kuslapuu tee 168
75. Õis Tisane 170
76. Krüsanteemi tee Gojiga 172
77. Võililleõie tee 174
78. Liblikas herne lille tee piim 176
79. Hibiscus LilleteePiim 178
80. Valerian Juur Super lõõgastav tee 180
81. naistepuna Rahustav tee 182
82. Noorendav tee 184
83. Nohu ja häälekähedus Tee 186
84. Pärnaõie taimetee 188
85. Popurri tee 190
86. Punase ristiku tee 192
87. Roosi ja lavendli vein 194

MAGUSTOIT 196

88. Mustika lavendli jõhvika krõps 197
89. Rabarberi-, roosi- ja maasikamoos 199

90. Apelsini-saialille tilgaküpsised 201
91. Jogurti parfee mikrohaljastega 203
92. Porgandlille miniatuursed pätsid 205
93. Aniisi iisopi küpsised 207
94. Sidruni Pansis pirukas 209
95. Kummeli küpsised 212
96. Maasika ja kummeli sorbett 214
97. Nelk Marshmallow Fudge 216
98. Violetne jäätis 218
99. Violetne suflee 220
100. Maasikas, mango ja roos Pavlova 222

KOKKUVÕTE 225

SISSEJUHATUS

Alustage kulinaarset teekonda, kus kesksel kohal on pungade ja õite elav maailm. "Täielik Pungad Ja Õied Kokaraamat" kutsub teid avastama söödavate lillede valdkonda, kus maitse kohtub esteetikaga harmoonilises looduse halastuse tähistamises. See 100 maitsvast ja kaunist retseptist koosnev kogumik tõstab lillelised maitsed pelgalt kaunistustest veetlevate roogade keskpunkti, pakkudes tavapärast sensoorset kogemust.

Söödavad lilled on olnud kogu maailmas kulinaarsete traditsioonide kütkestav element, nende kaasamine lisab roogadele elegantsi ja kapriissust. Selles kokaraamatus uurime õite lisamise kunsti oma toidukordadesse, muutes need lihtsatest koostisosadest kulinaarseteks meistriteoseks. Iga retsept annab tunnistust maitsete mitmekesisusest, mida looduse palett pakub, alates kannikese õrnast magususest ja lõpetades nasturtiumi piprasete nootidega.

Kokaraamat tähistab söödavat maastikku, kus kroonlehed ja õied ei ole ainult visuaalseks võluks, vaid annavad oma ainulaadse olemuse maitsete sümfooniasse. Olenemata sellest, kas olete kogenud kokk või seiklushimuline kodukokk, inspireerivad need retseptid teid oma kulinaarses loomingus söödavate lillede ilu ja maitseid omaks võtma.

" Täielik Pungad Ja Õied Kokaraamat " läheb tavapärasest kaugemale, esitledes retsepte, mis pole mitte ainult maitsvad, vaid ka visuaalselt vapustavad. Alates pansidega kaunistatud salatitest kuni roosi kroonlehtedega õitsevate magustoituudeni on iga roog lõuend, kus söödavate lillede värvid ja kujud ärkavad ellu. Üksikasjalike juhiste ja inspireeriva fotograafia abil julgustab see kokaraamat teid köögis oma loovust valla päästma, muutes iga toidukorra kunstiteoseks.

Kokaraamat on aastaegade tähistamine, kuna erinevatel aastaegadel õitsevad erinevad lilled. See julgustab lugejaid uurima kohalikke turge, aedu või isegi oma tagaaeda, et avastada saadaolevate söödavate õite laia valikut. Seda tehes soodustab see sügavamat sidet loodusega ja selle pakutava halastuse hindamist.

Lehitsedes " Täielik Pungad Ja Õied Kokaraamat " lehti, avastate maitsete harmoonilise abielu, mille söödavad lilled lauale toovad. Iga retsept on hoolikalt koostatud sümfoonia, mis tasakaalustab õite õrna magususe soolase ja vürtsikaga, luues kulinaarse kogemuse, mis haarab kõiki meeli.

Ükskõik, kas valmistate romantilist õhtusööki, korraldate aiapidu või soovite lihtsalt oma igapäevastele toitudele elegantsi lisada, see kokaraamat pakub laia valikut retsepte, mis sobivad igaks elujuhtumiks. See on kutse uurida lillede kulinaarset potentsiaali, muutes teie köögi lõhnavaks ja maitsekaks varjupaigaks.

HOMMIKUSÖÖK JA BRUNCH

1.Suvikõrvitsaõis Omlett

KOOSTISOSAD:
- 2 spl rapsiõli
- 2-3 hakitud küüslauguküünt
- ½ tassi hakitud sibulat
- ¼ tassi hakitud punast pipart
- 12 suvikõrvitsaõit, pestud ja kuivatatud
- 1 spl hakitud värsket basiilikut
- ½ supilusikatäit hakitud värsket pune
- 4 muna
- Sool ja pipar

JUHISED:
a) Kuumuta ahi 400 kraadini F.
b) Kuumutage ahjukindlas pannil rapsiõli.
c) Lisa küüslauk, sibul ja punane pipar.
d) Prae umbes üks minut.
e) Lisa suvikõrvitsaõied ja küpseta aeg-ajalt segades umbes kümme minutit, kuni need on kergelt pruunistunud.
f) Lisa basiilik ja pune. Sega hästi segunemiseks.
g) Vahusta kausis munad maitse järgi soola ja pipraga. Sega köögiviljade hulka.
h) Alanda kuumust ja küpseta, kuni munad on just tahenenud. Pange pann ahju ja küpsetage, kuni see on valmis umbes 15-20 minutit.
i) Lõika viiludeks ja serveeri. Võib serveerida kuumalt või toatemperatuuril.

2.Nasturtiumiga täidetud munad

KOOSTISOSAD:
- 2 kõvaks keedetud muna
- 4 väikest Nasturtiumi lehed ja õrnad varred, tükeldatud
- 2 Nasturtiumi õit, lõigatud kitsasteks ribadeks
- 1 oksake värsket kirvipuu, hakitud
- 1 oksake Värske Itaalia petersell, lehed peeneks hakitud
- 1 Roheline sibul, valge ja kahvaturoheline osa
- Ekstra neitsioliiviõli
- Peen meresool, maitse järgi
- Must pipar, jämedalt jahvatatud, maitse järgi
- Nasturtiumi lehed ja Nasturtiumi õied

JUHISED:
a) Keeda mune keevas vees kõvaks, kuni munakollased on kõvad, mitte enam.
b) Lõika iga muna pikuti pooleks ja eemalda ettevaatlikult munakollane. Asetage munakollased kaussi ja lisage nasturtiumi lehed, varred ja õied ning hakitud kirvili, petersell ja roheline sibul.
c) Püreesta kahvliga, lisades nii palju oliiviõli, et tekiks pasta.
d) Maitsesta maitse järgi meresoola ja pipraga
e) Kergelt soola munavalge
f) Täitke õõnsused õrnalt munakollase-ürdiseguga.
g) Jahvata peale veidi pipart.
h) Laota taldrikule nasturtiumilehed ja lao peale täidetud munad.
i) Kaunista nasturtiumiõitega.

3.Küpsetatud sinilille-murulauguomlett

KOOSTISOSAD:
- 4 muna
- 4 spl Piima
- Sool ja pipar maitse järgi
- 2 spl Hakitud murulauku
- 3 spl Võid
- 1 tosin murulauku õit

JUHISED:
a) Sulata või pannil, seejärel sega ülejäänud koostisosad blenderis ja vala kuumale võiga määritud pannile.
b) Kui omleti servad hakkavad tahenema, vähenda veidi kuumust ja keera keetmata munad spaatliga panni põhja, kuni need on kõik küpsed.
c) Puista pestud õied üle munade ülaosa ning voldi omlett peale ja lase veel paar minutit küpseda. Serveeri.

4.Aprikoosi-lavendli krepid

KOOSTISOSAD:
- 1½ supilusikatäit võid
- ½ tassi piima
- 1½ supilusikatäit maapähkliõli
- 6½ supilusikatäit universaalset jahu
- 1 spl suhkrut, helde
- 1 muna
- ⅓ tl Värskeid lavendliõisi
- 14 kuivatatud aprikoosid, Türgi
- 1 tass Riesling veini
- 1 tass vett
- 1½ tl apelsinikoort, riivitud
- 3 supilusikatäit mett
- ½ tassi Riesling veini
- ½ tassi vett
- 1 tass Suhkur
- 1 supilusikatäis apelsini koort
- ½ supilusikatäit laimi koort
- 1 tl Värskeid lavendliõisi
- 1 näputäis hambakivi
- Maitsestatud vahukoor, soovi korral
- Lavendlioksad, kaunistuseks

JUHISED:
KREPITAINAS
a) Sulata või mõõdukal kuumusel.
b) Jätkake kuumutamist, kuni või on helepruuni värvi.
c) Lisa piim ja soojenda veidi.
d) Tõsta segu kaussi. Vahusta ülejäänud koostisosad ühtlaseks massiks.
e) Hoia tund aega või kauem külmkapis.
f) Küpseta kreppe, virnasta neid kile või pärgamendiga, et vältida kleepumist.
g) Hoia kasutusvalmis külmkapis.

APRIKOOSI TÄIDIS
h) Kombineerige kõik koostisosad kastrulis.
i) Hauta umbes pool tundi või kuni aprikoosid on pehmed.
j) Püreesta segu köögikombainis peaaegu ühtlaseks. Lahe.

RIESLINGI KASTE
k) Kombineerige kõik koostisosad kastrulis.
l) Kuumuta keemiseni, sega, kuni suhkur on lahustunud.
m) Pintselda kastruli küljed külma vette kastetud pintsliga, et vältida kristalliseerumist.
n) Küpseta kommitermomeetril aeg-ajalt pintseldades kuni 240 kraadi F.
o) Eemaldage leegilt ja kastke keetmise lõpetamiseks poti põhi jäävette.
p) Jahutage.

SERVEERIMA
q) Rulli iga krepi sisse 3 supilusikatäit täidist, lubades ühe portsjoni kohta kaks kreppi.
r) Tõsta krepid võiga määritud ahjuvormi.
s) Kata seest võiga määritud fooliumiga. Kuumuta 350-kraadises F. ahjus.
t) Tõsta krepid serveerimistaldrikutele. Kulbikaste kreppide peale ja ümber.
u) Kaunista soovi korral vahukoore ja lavendlioksstega.

5.Munad murulauku õitega

KOOSTISOSAD:

- 2 spl oliivõli
- 3 murulauku vart murulauku õitega
- 2 muna
- Kosher sool
- 1 mitmeviljaline inglise muffin või 2 viilu leiba

JUHISED:

a) Kuumuta pannil oliivõli.
b) Rebi murulauk ja õied jämedalt 2–3-tollisteks tükkideks ning aseta 30 sekundiks oliivõlisse kuumutama.
c) Murdke pannile munad, lisage puista koššersoola ja jätkake küpsetamist, kuni munavalged on küpsed, kuid munakollane on veel umbes 3 minutit vedel.
d) Vahepeal röstige inglise muffinit.
e) Kui munad on valmis, libista need inglise muffinipoolikutele ja söö noa ja kahvliga.

6.Granola söödavate lilledega

KOOSTISOSAD:
- mahl ½ sidrunist
- koor 1 sidrunilt
- ¼ tassi suhkrut
- 1 munakollane
- 2 spl võid lõigatakse väikesteks
- ¼ tassi kreeka jogurtit
- ½ tassi röstitud mandleid
- ½ tassi mustikaid
- ½ tassi granolat
- Pannosid, nasturtiumid ja nelgid

JUHISED:
a) Asetage potti sidrunimahl, sidrunikoor, suhkur ja munakollane.
b) Küpseta puulusikaga pidevalt segades, kuni see muutub paksuks.
c) Kui valmis, pane see kõrvale ja lisa või ning lõika tükkideks. Sega kuni või sulab ja jäta jahtuma. Kui see on külm, lisa jogurt ja sega läbi.
d) Rösti mandlid pannil ühe teelusikatäie õliga.
e) Kui kõik koostisosad on valmis, hakka kõiki koostisosi kihiti panema.
f) Alusta granolaga, seejärel pooled pähklid, jogurti-sidrunisegu, marjad ja ülejäänud pähklid, kata ülejäänud jogurtiseguga ja kaunista söödavate lilledega.

7.Kreemjas munapuder söödavate lilledega

KOOSTISOSAD:
- 12 muna
- ½ tassi kerget koort
- 2 tl hakitud värskeid kirvilehti
- 2 tl hakitud värskeid estragonilehti
- 2 tl hakitud värskeid peterselli lehti
- 2 tl hakitud värsket murulauku
- Sool ja värskelt jahvatatud must pipar
- 4 spl soolata võid
- 8 untsi kitsejuustu, purustatud
- Peotäis söödavaid lilli
- Värsked petersellioksad, kaunistuseks
- röstitud rukkileib

JUHISED:
a) Vahusta segamisnõus munad, koor, kirss, estragon, petersell, murulauk ning veidi soola ja pipart.
b) Sulata nakkumatul pannil või, lisa munad ja sega madalal kuumusel, kuni munad hakkavad tahenema.
c) Sega pannil kitsejuust ja jätka lühiajalist küpsetamist, aeg-ajalt segades, kuni juust sulab. Lisage söödavad lilled.
d) Serveerimiseks tõsta rukkileivale lusikaga munad ja tõsta taldrikule, mille peal on kaunistuseks peterselli oksake.
e) Serveeri kohe.

8.Pansis pannkoogid

KOOSTISOSAD:
- $1^1/2$ tassi piima
- $^1/2$ tassi vett
- 1 spl suhkrut
- $^1/4$ teelusikatäit soola
- 3 spl soolata võid, sulatatud
- $^1/2$ tassi tatrajahu
- $^3/4$ tassi universaalset jahu
- 3 muna
- 12 pansiõit
- Lihtne pansisiirup või mistahes sorti lillesiirup, soovi korral katteks

JUHISED:
a) Pange kõik koostisosad, välja arvatud pansiõied, blenderisse. Blenderda ühtlaseks.
b) Hoia külmkapis vähemalt 2 tundi ja kuni üleöö.
c) Enne praadimist laske taignal toatemperatuurini soojeneda. Raputa korralikult.
d) Kuumuta mittenakkuva pann ja sulata või.
e) Tõstke pann tulelt ja valage keskele ¼ tassi tainast, kallutades ja keerates panni, et see jaotuks kiiresti ja ühtlaselt. Naaske kuumusele.
f) Umbes 1 minuti pärast puista pannid.
g) Kasutage spaatlit, et vabastada krepi servad panni külgedelt.
h) Keera krepp ümber ja küpseta veel 30 sekundit.
i) Pöörake või libistage see serveerimistaldrikule. Korrake ülejäänud taignaga.

9.Lille jõudBrasiilia Açaí Kauss

KOOSTISOSAD:
AÇAÍ EEST
- 200 g külmutatud açaí-d
- ½ banaani, külmutatud
- 100 ml kookosvett või mandlipiima

TÄIDISED
- Granola
- Söödavad lilled
- ½ banaani, tükeldatud
- ½ supilusikatäit toores mett
- Granaatõuna seemned
- Hakitud kookospähkel
- Pistaatsiapähklid

JUHISED:
a) Lihtsalt lisage açaí ja banaan köögikombaini või blenderisse ning blenderdage ühtlaseks massiks.
b) Sõltuvalt sellest, kui tugev teie masin on, peate võib-olla lisama veidi vedelikku, et see kreemjaks muutuks. Alusta 100 ml-st ja lisa vastavalt vajadusele.
c) Vala kaussi, lisa lisandid ja naudi!

10. Hommikusöögi maguskartul Hibiskuse teejogurtiga

KOOSTISOSAD:
- 2 lillat maguskartulit

GRANOLA KOHTA:
- 2 ½ tassi kaera
- 2 tl kuivatatud kurkumit
- 1 tl kaneeli
- 1 supilusikatäis tsitrusviljade koort
- ¼ tassi mett
- ¼ tassi päevalilleõli
- ½ tassi kõrvitsaseemneid
- näputäis soola

JOGURTI JAOKS:
- 1 tass tavalist kreeka jogurtit
- 1 tl vahtrasiirup
- 1 hibiski teepakk
- söödavad lilled, kaunistuseks

JUHISED:
a) Kuumuta ahi 425 kraadini ja torka kartulid kahvliga üle.
b) Mähi kartulid fooliumisse ja küpseta 45 minutit kuni tund.
c) Eemaldage ahjust ja laske jahtuda.

GRANOLA KOHTA:
d) Alanda ahju kuumust 250 kraadini ja vooderda ahjuplaat küpsetuspaberiga.
e) Kombineerige kõik granola koostisosad segamisnõus ja segage, kuni kõik on kaetud mee ja õliga.
f) Tõsta vooderdatud ahjuplaadile ja aja võimalikult ühtlaselt laiali.
g) Küpseta 45 minutit, segades iga 15 minuti järel või kuni granola on pruunistunud.
h) Eemaldage ahjust ja laske jahtuda.

JOGURTI JAOKS:
i) Valmistage teekoti juhiste järgi hibiskiteed ja asetage see kõrvale jahtuma.
j) Kui see on toatemperatuuril, vahustage vahtrasiirup ja tee jogurti hulka, kuni saavutate ühtlase ja kreemja tekstuuri, millel on kergelt roosakas toon.

KOOSTAMA:
k) Lõika kartulid pooleks ja lisa kaunistuseks granola, maitsestatud jogurt ja söödavad lilled.

11. Mango smuutikauss

KOOSTISOSAD:
- 1,5 tassi külmutatud mango tükid
- ½ tassi vanilje- või kookosemaitselist kreeka jogurtit
- ½ tassi täisrasvast kookospiima täisrasvane või lite
- 2 kulbitäit maitsestamata kollageeni valgupulbrit (valikuline).
- 1 tl kookosõli
- 1 tl mett infundeeritud või tavalist
- ⅛ tl jahvatatud ingverit
- ⅛ tl jahvatatud kurkumit
- ⅛ teelusikatäis jahvatatud musta pipart (valikuline).

JUHISED:
a) Lisa blenderisse mango, jogurt, kookospiim, kollageen, mesi, õli ja ingver.
b) Blenderda kõrgel temperatuuril 1 minut või kuni siidiselt sile.
c) Kaunista soovi korral täiendava mango ja söödavate lilledega.

SUUPÄID JA SUUPÖÖD

12.Söödava lilletee võileivad

KOOSTISOSAD:
- ½ tassi söödavaid lilli nagu sirel, pojeng, saialill, roosad, nelk, roos ja lavendel
- 4 untsi pehmendatud toorjuustu
- Õhukeseks viilutatud tume leib

JUHISED:
a) Tükelda lilled ja sega need toorjuustuga.
b) Määri leivale.

13. Täidisega nasturtiumid

KOOSTISOSAD:
- Nasturtiumi õisi, umbes neli inimese kohta, pestakse hoolikalt ja kuivatatakse
- 8 untsi toorjuustu, toatemperatuur
- 1 küüslauguküüs, peeneks hakitud
- ½ supilusikatäit värsket murulauku
- 1 spl värsket sidrunitüümiani või sidrunibasiilikut, hakitud

JUHISED:
a) Sega toorjuust hoolikalt ürtidega.
b) Aseta 1-2 tl segu ettevaatlikult lusika või kondiitritootega õie keskele.
c) Jahutage kuni serveerimiseni.

14. Nasturtiumi krevettide eelroa salat

KOOSTISOSAD:
- 2 tl Värske sidrunimahl
- ¼ tassi oliiviõli
- Sool ja pipar
- 1 tass keedetud krevette, hakitud
- 2 supilusikatäit hakitud sibulat
- 1 tomat, kuubikuteks
- 1 avokaado, kuubikuteks
- Salati lehed
- 2 spl hakitud nasturtiumi lehti
- Nasturtiumi lilled

JUHISED:
a) Klopi kokku sidrunimahl ja õli. Maitsesta soola ja pipraga.
b) Lisa sibul ja krevetid ning sega läbi. Lase seista 15 minutit.
c) Lisa tomat, avokaado ja hakitud nasturtiumilehed.
d) Küngas salatilehtedele ja ümbritseb värskete tervete nasturtiumiõitega.

15. Võilille lilleprillid

KOOSTISOSAD:
- 1 tass täistera nisujahu
- 2 supilusikatäit oliivõli
- 2 tl küpsetuspulbrit
- 1 tass Võililleõied, puhas ja
- Pihustamata
- 1 näputäis soola
- 1 muna
- Nonstock taimeõli pihusti
- ½ tassi madala rasvasisaldusega piima või vett

JUHISED:
a) Sega kausis omavahel jahu, küpsetuspulber ja sool. Klopi eraldi kausis lahti muna, seejärel sega see piima või vee ja oliivõliga. Sega kuivaineguga.
b) Segage ettevaatlikult kollased õied, vältides neid purustades. Piserdage küpsetusplaat või praepann kergelt taimeõliga. Kuumutage, kuni see on täielikult soojenenud.
c) Vala taigen lusikatäie kaupa ahjuplaadile ja küpseta nagu pannkooke.

16. Maisi- ja saialilli fritters

KOOSTISOSAD:
- 8 untsi suhkrumaisi tuumad
- 4 supilusikatäit rasket koort
- 1 spl Jahu
- ½ tl küpsetuspulbrit
- Meresool
- Valge pipar
- 1 spl saialille kroonlehti
- 1 spl päevalilleõli või rohkem

JUHISED:
a) Pane suhkrumais kaussi ja vala koorega. Sõelu hulka jahu ja küpsetuspulber ning maitsesta. Sega hulka saialille kroonlehed.
b) Pane suur ja raske praepann kõrgele tulele ja vala sisse õli. Tõsta lusikatäis fritterisegu õlisse ja prae üks kord keerates mõlemalt poolt kuldseks. Suru segu spaatliga lapikuks, et äärtele jääks pitsiline efekt.
c) Küpseta friikartuleid kimpudena, kuni kogu segu on ära kasutatud, vajadusel lisa pannile veel õli.
d) Serveeri kuumalt kuuma rohelise köögivilja või salati ning pruuni leiva ja võiga.

17. Söödavad lillede kevadrullid

KOOSTISOSAD:
KEVADRULLID
- 8 redist, viilutatud ribadeks
- 5 rohelist sibulat, viilutatud ribadeks
- ½ kurki, viilutatud ribadeks
- ½ punast paprikat, viilutatud ribadeks
- ½ kollast paprikat, viilutatud ribadeks
- 1 avokaado, viilutatud ribadeks
- ½ tassi värskeid ürte, jämedalt hakitud
- ½ tassi söödavaid lilli, mis jäetakse terveks
- 9 riisipaberist kevadrulli ümbrist

KASTE
- 3 spl mandlivõid
- 1 spl sojakastet
- 1 spl laimimahla
- 1 spl mett
- 1 tl riivitud ingverit
- 1 spl kuuma vett

JUHISED:
a) kausis kõik kastme koostisosad.
b) Täida madal tass kuuma veega. Ükshaaval töötades asetage riisipaber õrnalt kuuma vette umbes 15 sekundiks või kuni see on pehme ja painduv.
c) Viige paber niiskele pinnale.
d) Kiiresti töötades virna täidised riisipaberile pikaks kitsaks reaks, jättes mõlemale küljele umbes 2 tolli.
e) Murra riisipaberi küljed künka peale ja keera siis õrnalt rulli.
f) Kata valmis kevadrullid kuni söömise ajaks niiske paberrätikuga.
g) Serveeri mandlivõi dipikastmega, serveerimiseks soovi korral pooleks viilutatud.

18. Akaatsia lilleprillid

KOOSTISOSAD:
- ½ tassi tavalist jahu
- ½ tl küpsetuspulbrit valikuline
- ½ tassi õlut
- 10 akaatsia õit värskelt korjatud
- 1 spl pruuni suhkrut
- ½ sidruni
- taimeõli praadimiseks

JUHISED:
a) Raputage ja kontrollige oma akaatsiaõisi, et eemaldada mustus ja väikesed putukad.
b) ja õlle kombineerides .
c) Vahusta korralikult ühtlaseks, siis peaks saama vedel, veidi paks tainas.
d) Varrest hoides kastke õied taignasse ja laske üleliigsel ära voolata.
e) Kuumuta pann, nii palju õli sees, et põhi kataks.
f) Prae fritüürid kuni alumine külg on kuldpruun, keera need ümber ja korda.
g) Lisage rohkem õli, kui peate küpsetama veel ühe partii.
h) Parim süüa kohe pärast küpsetamist.
i) Puista peale fariinsuhkur ja tilk sidrunit.

19.Kitsejuust söödavate õitega

KOOSTISOSAD:
- 4 untsi kitsejuustu pehmendatud
- peeneks riivitud sidrunikoor alates 1 sidrun
- 2 tl värskeid tüümiani lehti
- värsked tüümianilehed ja -oksad kaunistuseks
- kaunistuseks söödavad lilled, valikuline
- niristamiseks mett, valikuline
- kreekerid serveerimiseks

JUHISED:
a) Vooderda kauss või ramekiin kilega.
b) Proovige, et kilepakendil oleks võimalikult vähe kortse. Kõrvale panema.
c) Sega kausis pehme kitsejuust, sidrunikoor ja tüümianioksad ning sega ühtlaseks.
d) Lisage kitsejuustu segu ettevalmistatud kaussi ja pakendage segu lusika tagaküljega õhutaskute eemaldamiseks.
e) Tõmmake üleliigne plastikkile juustusegu peale ja asetage 30 minutiks külmkappi.
f) Eemaldage külmkapist ja keerake kitsejuustu segu serveerimiskohale.
g) Eemaldage kile ja kaunistage vastavalt soovile värskete tüümianilehtede ja/või okste ja/või söödavate lillede ja kroonlehtedega.
h) Serveeri kreekerite ja niristamiseks kaussi meega.

PÕHIROOG

20.Adobo veiseliha salat Hibiscus Salsaga

KOOSTISOSAD:
- 1 spl Taimeõli
- 2 veise sisefilee, puhastatud
- ½ tassi Adobo kastet
- ½ tassi valget veini
- ¼ tassi suhkrut
- ½ tassi kuivatatud hibiski lilli
- ½ tassi ingverit, kooritud ja tükeldatud
- 1 sidruni mahl
- 2 supilusikatäit pähkliõli
- 2 šalottsibul, tükeldatud
- 2 tassi aprikoose, tükeldatud
- 2 spl basiilikut, hakitud
- 2 spl piparmünt, hakitud
- 2 tl meresoola
- 1 nael Segatud rohelised, puhastatud
- 1 nael köögivilju, lõigatud pooleks
- 3 oksakest basiilikut

JUHISED:
ADOBO KASTE
a) Leota tšillit kuumas vees 15 minutit ja püreesta.
b) Marineeri veiseliha adobo kastmes ja taimeõlis ning hoia külmkapis.

SALSA TEHA
c) Sega kastrulis vein, suhkur, hibisk, ingver ja sidrun ning kuumuta keemiseni.
d) Tõsta kõrvale ja hauta vähemalt 15 minutit.
e) Kurna läbi peene sõela pressimata, seejärel lisa pähkliõli, virsikud, šalottsibul, basiilik ja piparmünt ning maitsesta soolaga.
f) Kõrvale panema.
g) Prae pannil kõrgel kuumusel veiseliha mõlemalt poolt 45 sekundit kuni 1 minuti jooksul.
h) Prae juurvilju basiilikuokstega taimeõlis 2 minutit ja lase pannil 1 unts vinegretti.
i) Jagage rohelised iga taldriku keskele, asetage veiseliha peale ning lusikaga veiseliha ja roheliste ümber köögiviljad ja salsa.

21. Lillede ja juustu segaravioolid

KOOSTISOSAD:
- 12 Wontoni nahka
- 1 Klopi muna ravioolide tihendamiseks
- 1 tass segatud lille kroonlehed
- ⅓ tassi Ricotta juustu
- ⅓ tassi Mascarpone juustu
- 4 spl hakitud basiilikut
- 1 spl Hakitud murulauk
- 1 tl hakitud koriandrit
- ⅓ tassi pehme nisu lai, murenenud
- 1½ teelusikatäit soola
- ½ tl punast tšillipastat
- 12 tervet pansikat

JUHISED:
a) Sega kõik koostisosad, välja arvatud terved pannid. Valmistamiseks asetage wontoni nahk tasasele pinnale.
b) Aseta ½ tl täidist wontoni naha keskele, peale 1 terve pansikas.
c) Niisuta servad lahtiklopitud munaga ja kata teise wontoni nahaga.
d) Keeda vees või köögiviljapuljongis umbes poolteist minutit.
e) Serveeri kausis koos tomati-basiiliku puljongiga.

22. Võilille lasanje

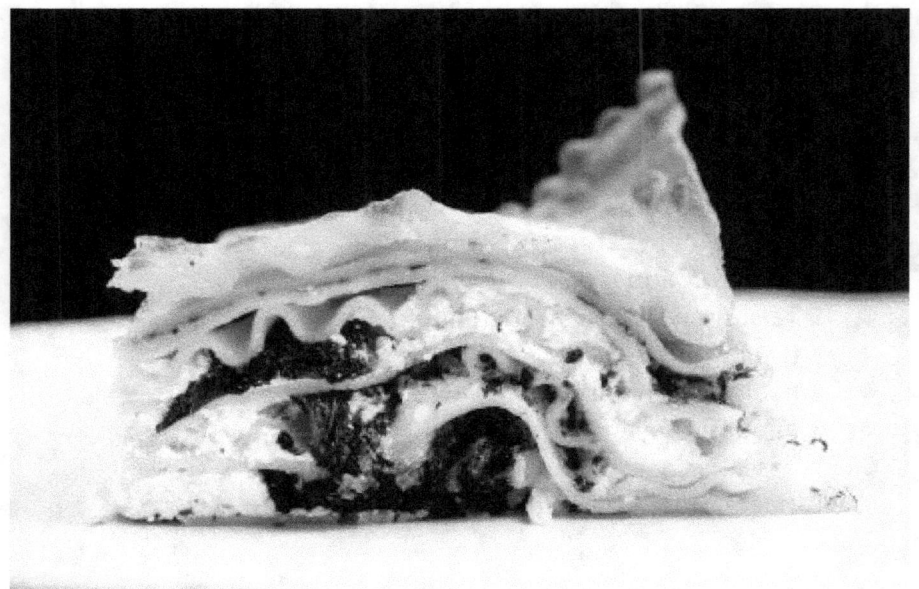

KOOSTISOSAD:
- 2 liitrit vett
- 2 naela võilillelehti
- 2 küüslauguküünt
- 3 supilusikatäit hakitud peterselli, jagatud
- 1 supilusikatäis basiilikut
- 1 tl pune
- ½ tassi nisuidud
- 3 tassi tomatikastet
- 6 untsi tomatipasta
- 9 Täistera nisu lasanje nuudlid
- 1 tl Oliiviõli
- 1 nael Ricotta juustu
- 1 näputäis Cayenne'i pipart
- ½ tassi Parmesani juustu, riivitud
- ½ naela Mozzarella juustu, viilutatud

JUHISED:
a) Aja vesi keema, lisa võililled ja keeda pehmeks. Eemaldage võililled lusikaga ja varuge vett.
b) Asetage võililled segistisse küüslaugu ja 1 supilusikatäie petersslli, basiiliku ja punega.
c) Blenderda hoolikalt, kuid ole ettevaatlik, et mitte vedelaks muutuda.
d) Lisage nisuidud, kaks tassi tomatikastet ja tomatipasta.
e) Blenderda täpselt nii palju, et segu korralikult seguneks, ja jäta segu alles.
f) Lase vesi uuesti keema. Lisa lasanje ja oliiviõli. Küpseta al dente. Kurnata ja varuda.
g) Sega ricotta juust, cayenne ja ülejäänud 2 supilusikatäit. petersell, varu.
h) Määri 9 x 13-tollise küpsetusvormi põhi kergelt võiga.
i) Aseta esimeseks kihiks 3 lasanjenuudlit kõrvuti. Kata ⅓ võilillekastmega, seejärel ½ ricotta juustuga.
j) Raputa ricottale veidi parmesani juustu ja kata see mozzarellaviilude kihiga. Korda.
k) Laota 3 viimast lasanjenuudlit ja viimane ⅓ võilillekastet. Kata ülejäänud parmesani ja mozzarellaga ning ühe tassi tomatikastmega.
l) Küpseta 375 F. juures 30 minutit.

23.Lambaliha ja portulak kikerhernestega

KOOSTISOSAD:

- 3 supilusikatäit oliiviõli
- 1 sibul, tükeldatud
- 1 spl jahvatatud koriandrit
- ½ supilusikatäit jahvatatud köömneid
- 1 kilogramm lahja lambaliha kuubikuteks
- 1 ½ supilusikatäit tomatipastat
- 30 grammi punase pipra pasta
- ½ tassi rohelisi läätsi, leotatud üleöö
- ¾ tassi kikerherneid, leotatud üleöö
- ½ tassi musta silmaga hernest, leotatud üleöö
- ½ tassi Jäme bulgaar
- 4 küüslauguküünt, hakitud
- 4 tassi köögiviljapuljongit
- 1 kilogramm portulak, kress või hõbepeet, pestud ja jämedalt tükeldatud
- Meresool maitse järgi
- 2 sidrunit, ainult mahl
- 4 supilusikatäit oliiviõli
- 1 tl tšillihelbeid
- 2 tl Kuivatatud piparmünt

JUHISED:

a) Kuumuta oliiviõli suitsutamiseni, seejärel lisa sibulad ja prae kuldseks.
b) Lisage koriander ja köömned ning segage korraks sibulaga, kuni need muutuvad lõhnavaks, seejärel lisage lambaliha ja küpseta kõrgel kuumusel, kuni liha on väljast küpsenud, umbes 5 minutit.
c) Lisa läätsed, kikerherned ja mustsilmherned ning hauta pajarooga 25 minutit.
d) Lisage küüslauk ja bulgaar ning segage hästi, lisades 2 tassi vett, seejärel jätkake keetmist umbes 20 minutit.
e) Maitsesta maitse järgi ja lisa tükeldatud rohelised ning sega korralikult läbi, et rohelised närbuks, ja küpseta veel kaks minutit.
f) Maitseõli valmistamiseks kuumuta õli koos tšillihelveste ja mündiga, kuni õli hakkab särisema.
g) Serveerimiseks jaga pajaroog roogade vahel ja nirista peale umbes supilusikatäis kuuma õli.

24. Fooliumis küpsetatud kala Mehhiko piparmündisaialillega

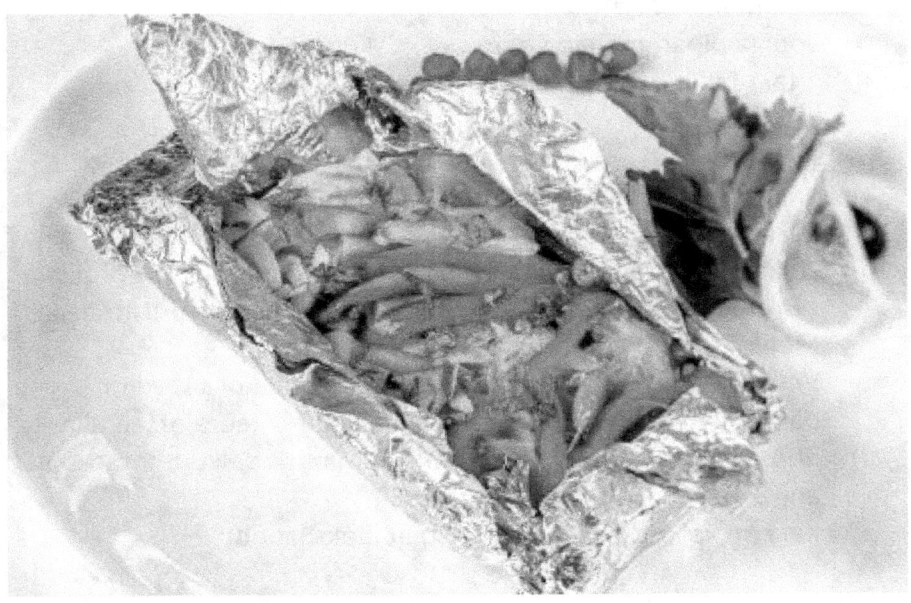

KOOSTISOSAD:
- 1 nael Värske kalafileed
- Õhukesed sidruniviilud
- Või, maitse järgi
- Sool ja pipar, maitse järgi
- 1 tass hakitud Mehhiko piparmündi saialille lehti

JUHISED:
a) Pane kalafileed võiga määritud alumiiniumfooliumi või pärgamendi tükile.
b) Lõika filee 2-tolliste vahedega ja torka igasse lõikesse õhuke sidruniviil. Määri kalale või, soola ja pipraga ning puista peale Mehhiko piparmündi saialillelehti.
c) Voldi fooliumi servad tihendamiseks topelt kokku, voldi pärgament kala ümber, kirjastiilis, seejärel keera otsad alla.
d) Küpseta pakki mitte rohkem kui 20 minutit eelkuumutatud 350 F. ahjus.
e) Kala on valmis, kui see kergesti helbeks läheb.

25. Liblikad köögiviljade ja lavendliga

KOOSTISOSAD:
- ½ naela pastat, näiteks Liblikad, orecchiette või gemelli
- 2 või 3 küüslauguküünt õhukesteks viiludeks või purustatud
- 2 suvikõrvitsat või suvikõrvitsat, tükeldatud
- 2 porgandit, kooritud ja tükeldatud
- 1 paprika, südamikuga
- 3 spl ekstra neitsioliiviõli
- 1 tl värskeid või kuivatatud lavendliõisi, lisaks veel kaunistuseks
- Sool ja värskelt jahvatatud must pipar

JUHISED:
a) Aja pott vesi keema ja soola. Lisa pasta ja keeda kuni al dente.
b) Vahepeal viilutage köögiviljad köögikombaini, mandoliini või noaga õhukesteks viiludeks.
c) Valage oliiviõli kuumutamata pannile ja lisage küüslauk.
d) Küpseta küüslauku, kuni see hakkab muutuma kuldseks, aeg-ajalt segades.
e) Kui küüslauk muutub kuldseks, lisa köögiviljad. Puista peale soola ja pipart ning lisa lavendel, purustades lilled sõrmeotstes, et vabastada nende lõhn.
f) Küpseta aeg-ajalt segades, kuni köögiviljad vaevu pehmenevad, vaid umbes 5 minutit.
g) Loodetavasti on pasta peaaegu valmis, nagu köögiviljad on peaaegu valmis.
h) Nõruta pasta, jättes alles veidi keeduvett.
i) Lisa köögiviljadele pasta ja jätka keetmist, lisades vajadusel vett, et segu oleks niiske.
j) Kui pasta ja köögiviljad on pehmed, kuid mitte pudrused, kohandage maitsestamist soola ja pipraga.
k) Kaunista paari lavendliõiega.

26. Kõrvenõgese pasta vegan Parmesaniga

KOOSTISOSAD:
- ½ naela pastat
- 2,5 untsi värskeid kõrvenõgese lehti ja näpunäiteid
- 3 supilusikatäit oliiviõli
- 3 küüslauguküünt, hakitud
- 1 sibul, tükeldatud
- 1 tl kuivatatud peterselli
- ½ tl kuivatatud tüümiani
- ½ tl kuivatatud basiilikut
- 1/3 tassi artišokisüdameid, tükeldatud
- ½ tassi vegan parmesani juustu, riivitud
- Sool ja pipar, maitse järgi
- Valikuline: 1 tass kannikest lilli või küüslaugu sinepiõisi

JUHISED:
a) Aja pott vesi keema, soola ja lisa pasta. Umbes 1 minut enne pasta täielikku valmimist lisage kõrvenõges vette.
b) Kuumuta pannil õli, lisa küüslauk ja sibul ning lase umbes 5 minutit küpseda. Kui küüslauk hakkab kiiresti värvuma, vähenda kuumust. Sega juurde maitseained.
c) Enne nuudlite ja nõgeste kurnamist võtke ¼ tassi pastavett ja lisage koos sibulaga pannile.
d) Seejärel kurna pasta ja nõges ning lisa kastrulisse koos artišokisüdametega. Alandage kuumust ja lisage vegan parmesan, segades uuesti, kuni juust on sulanud ja nuudlid katnud.
e) Tõsta nuudlid tulelt ja kaunista söödavate lilledega.

27.Talvised köögiviljad ja gnocchi

KOOSTISOSAD:
- 12 untsi pakk eelnevalt hakitud värsket squashi
- 8 untsi cremini seeni, poolitatud
- 1 tass külmutatud pärlsibulat, sulatatud
- 2 spl ekstra neitsioliiviõli
- 1½ tl koššersoola
- ¼ tl musta pipart
- 16-untsine pakk kartuli-gnocchit
- 2 spl soolavõid, pehmendatud
- 2 untsi Parmigiano-Reggiano juustu, hakitud, jagatud
- Hakitud värske lamedaleheline petersell

JUHISED:
a) Kuumuta ahi temperatuurini 450 ° F, jättes panni eelsoojenemise ajaks ahju.
b) Segage kõrvits, seened, pärlsibul, oliiviõli, sool ja pipar.
c) Tõsta köögiviljasegu lusikaga kergelt võiga määritud ahjuvormi.
d) Küpseta köögiviljasegu, kuni kõrvits on pehme ja pruunistunud umbes 20 minutit.
e) Valmistage gnocchi vastavalt pakendi juhistele, jättes 1 tassi keeduvett.
f) Eemaldage köögiviljasegu ahjust. Sega juurde gnocchi ja pehme või.
g) Lisage järk-järgult kuni 1 tass reserveeritud keeduvett, ¼ tassi kaupa, segades, kuni hakkab moodustuma kergelt paks kaste.
h) Segage ¼ tassi riivitud juustu.
i) Katke peale ülejäänud ¼ tassi juustu.
j) Jaga köögiviljade ja pelmeeni segu ühtlaselt 4 kaussi.
k) Soovi korral kaunista hakitud peterselliga ja serveeri kohe.

SUPID

28. Kurgirohu lehtede ja nisuheina supp

KOOSTISOSAD:
- 1 supilusikatäis soolata võid
- 125 g jämedalt hakitud sibulat
- 200 g kurgirohu lehti, hakitud
- 125 g värskeid herneid
- 1 l kana- või köögiviljapuljongit
- 4 oksa värsket aeda min t
- Meresool ja must pipar
- Ekstra neitsioliiviõli

SERVEERIMA:
- 6 supilusikatäit praekartulit marineeritud metsiküüslaugu õienuppudega
- 4 pehmeks pošeeritud kanamuna
- Peotäis kurgirohuõisi
- Peotäis nisuheina mikrosid
- Mõned herned, toored ja värskelt kaunad

JUHISED:
a) Sulata potis madalal kuumusel või ja prae sibulaid õrnalt umbes viis minutit või kuni see on pehme.
b) Lisa herned ja hauta veel minut enne hakitud kurgirohulehtede lisamist.
c) Valage puljong ja suurendage kuumust, et säilitada õrn haudumine.
d) Kui puljong keeb, lisa piparmündilehed ja keeda veel viis minutit või seni, kuni köögiviljad on pehmed, kuid maitsed on endiselt erksad.
e) Soola ja pipart maitse järgi, seejärel püreesta supp blenderis ühtlaseks.
f) Serveeri kohe koos koorikleivaga.

29.Squashi lillesupp

KOOSTISOSAD:
- 6 supilusikatäit soolata võid
- 2 sibulat, viilutatud
- 1 tl soola või rohkem maitse järgi
- ½ tl Värskelt jahvatatud musta pipart
- 3 küüslauguküünt, viilutatud
- 2 liitrit köögiviljapuljongit
- 1 nael suvikõrvitsat või muid squashi lilli
- Pool-pool
- ½ tassi riivitud Anejo juustu
- 1 laim, lõika 6 või 8 viilu

JUHISED:
a) Sulata potis või mõõdukal kuumusel.
b) Prae sibulaid koos soolaga umbes 5 minutit.
c) Lisa küüslauk ja küpseta 1 kuni 2 minutit kauem. Vala sisse köögiviljapuljong või vesi.
d) Kuumuta keemiseni, alanda keemiseni ja keeda 10–12 minutit. Seejärel segage lilled ja küpseta 5 minutit kauem.
e) Tõsta blenderisse või köögikombaini ja püreesta ühtlaseks massiks.
f) Sõelu läbi sõela tagasi supipotti.
g) Valage pool ja pool ja laske uuesti keema tõusta.
h) Maitsesta maitse järgi soola ja pipraga.
i) Serveeri kuumalt, kaunistatud juustu ja laimiviiludega.

30.Chervil Nasturtiumi supp

KOOSTISOSAD:
- 2 liitrit, vesi
- soola
- 2 tassi Värske kirvel
- 1 tass Nasturtiumi lehti
- 1 tass kressi lehti
- 1 nael kooritud ja neljaks lõigatud kartuleid
- 1 tass rasket koort
- 1 spl Võid

JUHISED:
a) Aja potis vesi kõrgel kuumusel keema.
b) Lisa sool, alanda kuumust ja lisa kirvi-, nasturtiumi- ja kressilehed ning kartul.
c) Hauta tasasel tulel 1 tund.
d) Püreesta supp köögikombainis või blenderis mitme partiina.
e) Vahetult enne serveerimist sega juurde rõõsk koor ja kui supp on jahtunud, kuumuta õrnalt uuesti. Aseta või türeeni põhja ja vala sellele kuum supp.
f) Soovi korral kaunista nasturtiumilehtedega.

31. Aasia krüsanteemi kauss

KOOSTISOSAD:
- 2 liitrit kanapuljongit
- ¾ supilusikatäit seesamiõli
- 2 teelusikatäit soola
- 4 untsi Oa niidid tsellofaani nuudlid
- 1 kapsapea, hakitud
- 1 nael värsket spinatit
- 2 kondita kanarinda
- 8 untsi kanamaksa
- 8 untsi sea sisefileed
- 8 untsi kindlat valget kala
- 8 untsi krevetid
- 1 tass austreid
- 3 supilusikatäit sojakastet
- 2 supilusikatäit šerrit
- 2 suurt krüsanteemi

JUHISED:
a) Viiluta kõik liha ja köögiviljad hiinapäraselt.
b) Aja kanapuljong, õli ja sool serveerimispotis keema.
c) Aseta nuudlid ja kõik toorained atraktiivselt vaagnale.
d) Lisa mullitavale puljongile šerri ja sojakaste.
e) Varustage külalisi söögipulkade ja serveerimiskaussidega. kutsuge külalisi puljongile toorainet lisama.
f) Laske küpseda, kuni kala ja krevetid on läbipaistmatud.
g) Vahetult enne, kui külalised end potist serveerivad, puistake kihisevale supile krüsanteemide lehti.
h) Serveeri suppi kaussides.

32. Must uba Supp & Chive Õitsema s

KOOSTISOSAD:
- 1 nael Kuivatatud mustad oad
- 1 tb soolata võid
- 1 tass peeneks hakitud metssibulat
- 3 küüslauguküünt, kooritud ja
- 4 maisi tortillat
- 1 tass päevalilleõli
- ½ tassi jämedalt jahvatatud sinist maisijahu, purustatud
- 1 tl Sool
- ¼ teelusikatäit musta pipart
- 10 tassi vett
- Lillad murulauku õied, hakitud murulauk ja kaunistuseks hapukoor

JUHISED:
a) Leota ube üleöö vees, et need kataks. Järgmisel päeval kurna oad.
b) Sulata potis või.
c) Lisa metssibul ja prae poolläbipaistvaks, umbes 3 minutit.
d) Lisa küüslauk, prae veel 1 minut ning lisa nõrutatud oad, sool, pipar ja 4 tassi vett.
e) Kuumuta kõrgel kuumusel keemiseni, seejärel alanda kuumust ja hauta kaane all 30 minutit, aeg-ajalt segades, et vältida ubade kõrbemist.
f) Lisage veel 4 tassi vett ja keetke ilma kaaneta veel 30 minutit, aeg-ajalt segades.
g) Lisa ülejäänud 2 tassi vett ja keeda 20 minutit, kuni oad on pehmed, kuid siiski kõvad. Kuni oad küpsevad, valmista tortillakrõpsud.
h) Lao tortillad tööpinnale. Lõika ümmargused tortillad terava noaga 3 üksteisega haakuvaks kolmnurgaks.
i) Kuumuta pannil õli, kuni see on väga kuum, kuid ei suitse.
j) Asetage iga tortilla kolmnurk ettevaatlikult õli sisse.
k) Laske tortilladel 30 sekundit küpseda ja keerake kahvliga tortillad ümber, seejärel korrake protsessi ülejäänud tortilladega.
l) Eemaldage laastud õlist ja kastke iga laastu nurk sinisesse maisijahusse.
m) Aseta paberrätikule, et liigne õli nõrguks.
n) Kaunista supp laastude, lillade murulaukuõite ja hakitud murulauguga.
o) Serveeri kuumalt hapukoorega kõrvale.

33. Nasturtiumi salatisupp

KOOSTISOSAD:
- 1 cos salat või rooma salat
- 25 g nasturtiumi õisi ja lehti
- 25 g võid
- 1 pulk sellerit tükeldatud
- 1 sibul hakitud
- 1 küüslauguküüs hakitud
- 500 ml köögivilja- või kanapuljongit
- 1 kartul kooritud ja tükeldatud
- 100 ml mandlipiima või muud valitud piima
- Sool ja pipar maitse järgi

JUHISED:
a) Haki salat ja nasturtiumid ning tõsta kõrvale.
b) Sulata pannil või ja küpseta sibulat ja sellerit 5 minutit, seejärel lisa küüslauk ja küpseta veel 2 minutit.
c) Lisa tükeldatud salat, nasturtiumid, kartul ja puljong ning hauta 20 minutit.
d) Vahusta mikseriga ning lisa piim ja maitseained.
e) Serveeri kuumalt või külmalt ning kaunista peeneks hakitud nasturtiumi õite ja kroonlehtedega.

34. Apteegitillisupp söödavate lilledega

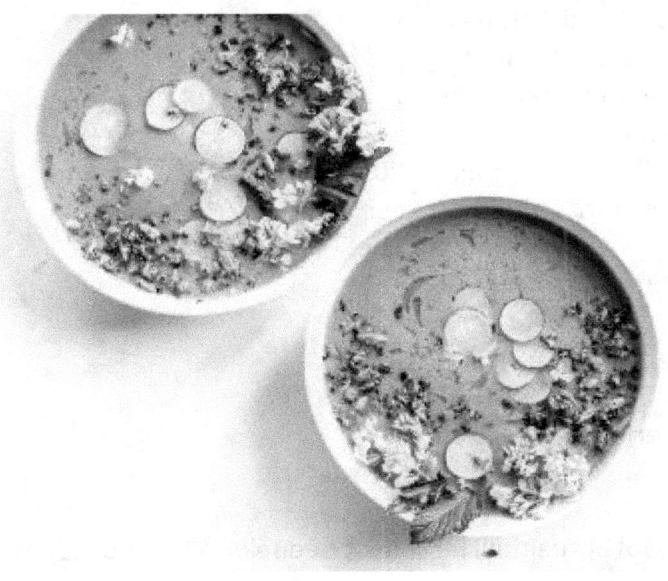

KOOSTISOSAD:
- 2 šalottsibulat, peeneks hakitud
- 2 küüslauguküünt, hakitud
- 3 Apteegitill, neljaks lõigatud ja kuubikuteks lõigatud
- 200 grammi tärkliserikkaid kartuleid
- 2 spl oliiviõli
- 800 milliliitrit köögiviljapuljongit
- 100 milliliitrit vahukoort
- 2 supilusikatäit Crème fraiche
- 2 sentimeetrit vermutit
- soola
- värskelt jahvatatud paprika
- 2 spl peterselli, hakitud
- Garneeringuks kurgirohu lill

JUHISED:
a) Haki pool apteegitilli lehtedest peeneks ja tõsta ülejäänud lehed kõrvale.
b) Koori ja tükelda kartulid.
c) Kuumuta pannil õli ning pruunista šalottsibul ja küüslauk.
d) Lisa apteegitill ja pruunista korraks. Lisa puljong ja kartulid ning kuumuta keemiseni.
e) Alanda kuumust ja hauta 20-25 minutit.
f) Püreesta supp, seejärel lisa koor, creme fraiche, petersell ja hakitud apteegitilli lehed.
g) Lisa vermut, seejärel maitsesta soola ja pipraga.
h) Vala supp kaussidesse, kaunista ülejäänud apteegitilli lehtede ja kurgirohuga ning serveeri.

35. Rohelise hernesupp murulauguõitega

KOOSTISOSAD:
- 1 spl ekstra neitsioliivõli
- 2 paksu viilu täistera rukkileiba, kuubikuteks
- Meresool ja värskelt jahvatatud pipar
- Kaunistuseks värske murulauk koos õitega
- 2 ¾ tassi köögiviljapuljongit
- 10 untsi värskeid või külmutatud herneid
- ¼ tl wasabi pulbrit või pasta
- ¾ tassi täisrasvast tavalist jogurtit
- Viimistlusõli tilgutamiseks

JUHISED:
a) Kuumuta oliivõli pannil.
b) Viska saiakuubikud õlisse, keerates tangide või kuumakindla spaatliga, et röstida igast küljest umbes 4 minutit. Maitsesta soola ja pipraga.
c) Tõsta taldrikule jahtuma.
d) Tõmmake murulaukude küljest murulauku õied ja tükeldage rohelised võrsed.
e) Kuumuta puljong supipotis kõrgel kuumusel podisemiseni. Lisage herned ja küpseta, kuni need on erkrohelised ja lihtsalt keedetud 8–10 minutit.
f) Eemaldage tulelt ja kasutage sukelmikserit või viige supp partiidena segistisse, et töödelda ühtlaseks, umbes 3 minutiks.
g) Lisa wasabi ja maitsesta soola ja pipraga. Lisa jogurt ja töötle 2–3 minutit ühtlaseks ja kergelt kreemjaks.
h) Tõsta potti tagasi ja hoia tasasel tulel soojas kuni serveerimiseni.
i) Vala supp kaussidesse, tõsta peale krutoonid ja nirista peale oliivõli.
j) Maitsesta pipraga ning puista peale hakitud murulauk ja selle õied. Serveeri soojalt.

36. Vichyssoise kurgirohu lilledega

KOOSTISOSAD:
- 6 Porrulauk, puhastatud, pealsed kärbitud
- 4 spl Võid
- 4 tassi kana- või köögiviljapuljongit
- 3 kartulit, tükeldatud
- 2 spl Tükeldatud kurgirohu lehti
- 1 tass hapukoort
- Sool ja pipar
- Muskaatpähkel

JUHISED:
a) Viiluta porru õhukesteks viiludeks.
b) Sulata potis või, lisa porru ja prae mõõdukal kuumusel pehmeks.
c) Lisa puljong, kartul ja murulauk.
d) Kuumuta keemiseni ja hauta kaane all 35 minutit või kuni kartulid on pehmed. Kurna.
e) Püreesta köögivili köögikombainis. Sega püree ja puljong ning jahuta.
f) Vahetult enne serveerimist sega juurde hapukoor.
g) Maitsesta soola, pipra ja muskaatpähkliga ning kaunista kurgirohu õitega.

SALATID

37.Vikerkaare salat

KOOSTISOSAD:
- 5-untsine pakk salatit
- 5-untsine rukola pakend
- 5-untsi pakk Microgreensi
- 1 õhukeselt viilutatud arbuusi redis
- 1 õhukeselt viilutatud lilla redis
- 1 õhukeselt viilutatud roheline redis
- 3 vikerkaare porgandit, raseeritud lintideks
- 1/2 tassi õhukeselt viilutatud kirgasherneid
- 1/4 tassi punast kapsast, hakitud
- 2 šalottsibulat, lõigatud rõngasteks
- 2 vereapelsini, segmenteeritud
- 1/2 tassi veriapelsinimahla
- 1/2 tassi ekstra neitsioliiviõli
- 1 spl punase veini äädikat
- 1 spl kuivatatud pune
- 1 spl mett
- Sool ja pipar, maitse järgi
- kaunistamiseks söödavad lilled

JUHISED:
a) Sega anumas oliiviõli, punase veini äädikas ja pune. Lisa šalottsibul ja lase vähemalt 2 tundi letil marineerida.
b) Tõsta šalottsibul kõrvale.
c) Segage purgis apelsinimahl, oliiviõli, mesi ning veidi soola ja pipart, kuni see on paks ja sile. Maitsesta soola ja pipraga maitse järgi.
d) Viska mikrorohelised, salat ja rukola koos umbes ¼ tassi vinegretiga väga segamisnõusse.
e) Viska kokku pooled redisest, porgandist, hernestest, šalottsibulatest ja apelsinitükkidest.
f) Pane kõik kokku värvilise mustriga.
g) Viimistlemiseks lisage ekstra vinegrett ja söödavad lilled.

38. Mikrorohelised ja lumihernesalat

KOOSTISOSAD:
VIINIGRETT
- 1 ½ tassi kuubikuteks lõigatud maasikaid
- 2 spl valget palsamiäädikat
- 1 tl puhast vahtrasiirupit
- 2 tl laimimahla
- 3 supilusikatäit oliiviõli

SALAT
- 6 untsi mikrorohelist ja/või salatirohelist
- 12 lumehernest õhukeselt viilutatud
- 2 redist, õhukeselt viilutatud
- Kaunistuseks poolitatud maasikad, söödavad lilled ja värsked ürdioksad

JUHISED:
a) Vinegreti valmistamiseks vahusta segamisnõus kokku maasikad, äädikas ja vahtrasiirup. Kurna vedelik ning lisa laimimahl ja õli.
b) Maitsesta soola ja pipraga.
c) Salati valmistamiseks sega kaussi mikrorohelised, lumeherned, redised, säästetud maasikad ja ¼ tassi vinegretti.
d) Lisa kaunistuseks poolitatud maasikad, söödavad lilled ja värsked ürdioksad.

39. Nasturtiumi ja viinamarja salat

KOOSTISOSAD:
- 1 punase salati pea
- 1 tass seemneteta viinamarju
- 8 Nasturtiumi lehte
- 16 Nasturtiumi õit

VIINIGRETT:
- 3 supilusikatäit salatiõli
- 1 spl valge veini äädikat
- 1½ tl Dijoni sinepit
- 1 näputäis musta pipart

JUHISED:
a) Asetage igale neljale taldrikule 5 punase salati lehte, ¼ tassi viinamarju, 2 nasturtiumi lehte ja 4 nasturtiumi õit.
b) Klopi kausis kokku kõik vinegreti komponendid.
c) Nirista kaste võrdselt igale salatile.
d) Serveeri kohe.

40.Suvine salat tofu ja söödavate lilledega

KOOSTISOSAD:
SUVESALATIKS:
- 2 pead võisalatit
- 1 nael lambasalatit
- 2 kuldset kiivit kasutage rohelist, kui kuldset pole saadaval
- 1 peotäis söödavaid lilli pole kohustuslik – kasutasin oma aiast pärit õhtupriimulat
- 1 peotäis kreeka pähkleid
- 2 tl päevalilleseemneid valikuline
- 1 sidrun

TOFU FETA KOHTA:
- 1 plokk tofut kasutasin eriti tugevat
- 2 spl õunasiidri äädikat
- 2 spl värsket sidrunimahla
- 2 spl küüslaugupulbrit
- 2 spl sibulapulbrit
- 1 tl tilli värskelt või kuivatatult
- 1 näputäis soola

JUHISED:
a) Lõika eriti tihke tofu kausis kuubikuteks, lisa kõik ülejäänud ained ja püreesta kahvliga.
b) Pane suletud anumasse ja hoia paar tundi külmkapis.
c) Serveerimiseks asetage suuremad lehed oma suure kausi põhja: võisalat ja lambasalat peal.
d) Viiluta kiivid ja aseta salatilehtede peale.
e) Puista kaussi veidi kreeka pähkleid ja päevalilleseemneid.
f) Valige ja hoolikalt oma söödavad lilled. Asetage need õrnalt salati ümber.
g) Võta tofufeta külmkapist välja, sel hetkel peaks saama selle sisse lõigata/murendada. Pange ümberringi mõned suured tükid.
h) Valage poole sidruni mahl üle ja tooge teine pool lauale, et lisada.

41. Potato ja Nasturtiumi salat

KOOSTISOSAD:
- 6 uut kartulit, ühtlase suurusega
- 1 spl meresoola
- 3 tassi Nasturtiumi võrseid, väga õrnad
- Noored lehed ja varred, lõdvalt pakitud
- ½ tassi hakitud tilli hapukurki
- 2 spl marineeritud nasturtiumi pungad või kapparid
- 1 küüslauguküüs, hakitud
- 5 supilusikatäit ekstra neitsioliiviõli
- ¼ tassi punase veini äädikat
- Värskelt jahvatatud must pipar, maitse järgi
- 2 spl Itaalia peterselli, hakitud
- 1 Käsi Nasturtiumi kroonlehed
- 1 terve Nasturtiumi õis ja lehed kaunistuseks

JUHISED:
a) Asetage kartulid pannile ja katke veega umbes 2 tolli ja 1 supilusikatäis meresoola. Katke ja laske keema tõusta.
b) Avage pann ja keetke tugeval tulel umbes 20 minutit või kuni kartulid on pehmed.
c) Nõruta kartulid ja lase jahtuda.
d) Kui kartulid on käsitsemiseks piisavalt jahedad, koorige ja lõigake kuubikuteks.
e) Tõsta kartulid kaussi.
f) Haki nasturtiumi lehed ja õrnad varred ning lisa kaussi koos tilli hapukurgi, nasturtiumi pungade ja küüslauguga.
g) Lisa maitse järgi oliiviõli, äädikat, soola ja pipart.
h) Viska õrnalt, vältides kartulite purustamist.
i) Tõsta kartulisalat vanaaegsele serveerimistaldrikule ja puista peale hakitud peterselli.
j) Lõika kroonlehed ribadeks ja puista salatile. Kaunista tervete õite ja lehtedega.

42. Võilille ja Chorizo salat

KOOSTISOSAD:
- Salatikauss noortest võilillelehtedest
- 2 viilu Leib, viilutatud
- 4 supilusikatäit oliiviõli
- 150 grammi paksult viilutatud Chorizot
- 2 küüslauguküünt, hakitud
- 1 spl punase veini äädikat
- Sool ja pipar

JUHISED:
a) Korja võilillelehed peale, loputa ja kuivata puhta köögirätikuga. Kuhjake serveerimiskaussi.
b) Lõika leivale koorikud ja lõika kuubikuteks. Kuumuta pannil pool oliiviõlist.
c) Prae krutoonid mõõdukal kuumusel, sageli keerates, kuni need on üsna ühtlaselt pruunid.
d) Nõruta köögipaberil. Pühkige pann välja ja lisage ülejäänud õli. Prae chorizo või lardons kõrgel kuumusel pruuniks.
e) Lisa küüslauk ja prae veel mõni sekund, seejärel eemalda kuumus. Eemalda chorizo lusikaga ja puista salatile.
f) Lase pannil minut jahtuda, sega juurde äädikas ja vala kõik salatile.
g) Puista krutoonidele, maitsesta soola ja pipraga, sega läbi ja serveeri.

43. Kurgirohi ja kurgid hapukoorekastmes

KOOSTISOSAD:
- 3 pikka kurki
- soola
- ½ pinti hapukoort
- 2 supilusikatäit riisiäädikat
- ½ tl selleriseemneid
- ¼ tassi hakitud talisibul
- 1 tl Suhkur
- Sool ja pipar
- ¼ tassi noori kurgirohu lehti, peeneks hakitud

JUHISED:
a) Pese kurgid, südamik ja viiluta õhukeselt.
b) Soola kergelt ja lase kurnis 30 minutit nõrguda. Loputage ja kuivatage.
c) Sega ülejäänud koostisosad, maitsesta soola ja pipraga.
d) Lisa kurgid ja sega kergelt läbi.
e) Kaunista kurgirohuõite või murulauguõitega.

44.Punane kapsas krüsanteemiga s

KOOSTISOSAD:
- 1 punane kapsas, südamikuga ja õhukeselt
- ¼ tassi võid
- 1 rõngasteks viilutatud sibul
- 2 suurt õuna, kooritud, puhastatud südamikust, õhukesteks viiludeks
- 2 supilusikatäit kollaseid krüsanteemi kroonlehti
- 2 spl pruuni suhkrut
- Külm vesi
- 4 spl punase veini äädikat
- Meresool
- Pipar
- Või
- Krüsanteemi värsked kroonlehed

JUHISED:
a) Blanšeerige punast kapsast 1 minut keevas vees.
b) Nõruta, värskenda ja tõsta kõrvale. Kuumuta pannil või, pane sibularõngad sisse ja higista 4 minutit, kuni see on pehme.
c) Sega hulka õunaviilud ja küpseta veel 1 minut.
d) Pane kapsas tihedalt suletava kaanega sügavasse leegikindlasse kastrulisse.
e) Segage sibul, õunad ja krüsanteemid kroonlehed ning keerake kõik koostisosad nii, et need oleksid hästi kaetud võiga.
f) Puista peale suhkur ning vala vesi ja äädikas. Maitsesta kergelt.
g) Küpseta madalal kuumusel või ahjus 325F/170/gaas 3 1½–2 tundi, kuni kapsas on pehme.
h) Vahetult enne serveerimist lisage korralik nupp võid ja mõned värsked krüsanteemi kroonlehed.

45.Spargli salat

KOOSTISOSAD:
SPARAGISALAT
- 1 hunnik sparglit
- 5 redist õhukeselt viilutatud
- 3 rohelist sibulat, ainult viilutatud rohelised pealsed
- sidrunikoor ühest sidrunist

SIDRUNIVIINIGRETT
- ¼ tassi sidrunimahla
- 2 spl kerget oliiviõli
- 2 tl suhkrut
- soola ja pipart maitse järgi

GARNIS
- Sidruni viilud
- Orgaanilised kollased pansikad

JUHISED:
a) Spargli aurutamiseks alustage vee keetmist.
b) Valmistage ette kauss jäävett, et pärast valmimist spargel šokeerida.
c) Aurutage sparglit 5 minutit või kuni see on pehme, kuid siiski krõbe.
d) Löö spargel jäävees ja lõika seejärel 2-tollisteks tükkideks.

SIDRUNIVIINIGRETT
e) Sega sidrunimahl ja suhkur ning lase seista, kuni suhkur lahustub.
f) Lisa õli ja maitsesta maitse järgi soola ja pipraga.

SPARAGISALAT
g) Kui teil on aega, marineerige sparglit kastmes 30 minutit.
h) Lisa redis ja talisibul ning viska läbi.
i) Kaunista sidruniviilude ja värskete pannidega ning serveeri kohe.

46. Pansis salat

KOOSTISOSAD:
- 6 tassi beebi rukolat
- 1 õun, väga õhukesteks viiludeks
- 1 porgand
- ¼ punast sibulat, väga õhukesteks viiludeks
- peotäis erinevaid värskeid ürte, nagu basiilik, pune, tüümian, ainult lehed
- 2 untsi kreemjat kitsejuustu, vegani jaoks kasutage purustatud pistaatsiapähkel
- Pannosed, vars eemaldatud

VIINIGRETT
- ¼ tassi vereapelsini
- 3 supilusikatäit oliiviõli
- 3 spl šampanjaäädikat
- näputäis soola

JUHISED:
a) Klopi vinegrett kokku, kohandades mis tahes koostisaineid oma maitse järgi.
b) Kuhjake rohelised laia salatikaussi.
c) Koori ja raseeri porgand köögiviljakoorijaga õhukesteks ribadeks.
d) Lisage rohelistele koos õunaviilude, sibula ja ürtidega.
e) Vala üle kastmega ja kaunista salat kitsejuustupuru ja panniga.
f) Serveeri kohe.

47. Roheline salat söödavate lilledega

KOOSTISOSAD:
- 1 tl punase veini äädikat
- 1 tl Dijoni sinepit
- 3 supilusikatäit ekstra neitsioliiviõli
- Jäme sool ja värskelt jahvatatud pipar
- 5 ½ untsi õrnaid beebisalati rohelisi
- 1 pakk pihustamata vioolasid või muid söödavaid lilli

JUHISED:
a) Sega kausis äädikas ja sinep.
b) Vispelda vähehaaval sisse õli, seejärel maitsesta kaste soola ja pipraga.
c) Viska kaste rohelistega ja peal lilledega. Serveeri kohe.

MAITSED JA GARNESID

48. Nasturtium Pesto

KOOSTISOSAD:
- 50 nasturtiumi lehte
- ¼ tassi pistaatsiapähklid, röstitud
- ½ tassi oliiviõli
- ½ tassi parmesani juustu
- 1 näputäis punast pipart r
- soola ja pipart maitse järgi

JUHISED:
a) Peske nasturtiumi lehed ja loksutage need kuivaks.
b) Täitke köögikombain ¾ ulatuses lõdvalt lehtedega.
c) Blenderda, kuni need on hakitud. Lisa veel lehti ja sega läbi.
d) Jätkake seda, kuni kõik lehed on segunenud.
e) Lisa pistaatsiapähklid ja blenderda kuni need on peeneks hakitud.
f) Lisa juust, punane pipar ja pool õlist. Blenderda.
g) Lisage veel õli, kuni see on soovitud konsistents.

49. Maasika lavendli moos

KOOSTISOSAD:
- 1 nael maasikaid
- 1 nael suhkrut
- 24 lavendli vart
- 2 sidrunit, mahl

JUHISED:
a) Pese, kuivata ja koori maasikad.
b) Laota need kaussi suhkru ja 1 tosin lavendlivarrega ning pane üleöö külma kohta seisma.
c) Visake lavendel ära ja asetage marjasegu mittealumiiniumist kastrulisse.
d) Seo ülejäänud lavendlivarred kokku ja lisa marjadele.
e) Lisa sidrunimahl.
f) Kuumuta keemiseni, seejärel hauta 25 minutit.
g) Eemaldage pealt vaht. Visake lavendel ära ja valage moos steriliseeritud purkidesse. Tihend.

50.Kuslapuu siirup

KOOSTISOSAD:
- 4 naela Värsked kuslapuu kroonlehed
- 8 pinti keev vesi
- Suhkur

JUHISED:
a) Infundeerige kroonlehti vees 12 tundi.
b) Jäta mõneks tunniks kõrvale.
c) Dekanteerige ja lisage kaks korda rohkem suhkrut ja valmistage siirup.

51. Violetne kallis

KOOSTISOSAD:
- ½ tassi kergelt pakitud pestitsiidivabad kannikeseõied ilma varteta
- ½ tassi mett

JUHISED:
a) Loputage kannikesed kausis külmas vees ja tsentrifuugige neid salativääris õrnalt kuivaks.
b) Kuumutage mett pannil või mikrolaineahjus kasutatavas tassis keemiseni.
c) Tõsta mesi tulelt ja sega hulka kannikesed.
d) Katke ja laske kannikestel 24 tundi tõmmata.
e) Järgmisel päeval soojendage mett kannikesega, kuni see on vedel.
f) Valage mesi läbi peene sõela praokile ja visake kannikesed ära.
g) Katke purk ja hoidke kannikesemaitselist mett jahedas ja pimedas kohas.
h) Kasutage nädala jooksul.

52. Lillede garneering juustu jaoks

KOOSTISOSAD:
- Söödavad lilled või maitsetaimed pestud
- kuiv Juust
- 2 tassi kuiva valget veini
- 1 ümbrik maitsestamata želatiini

JUHISED:
a) Asetage lilled ja ürdid lamedalt juustu peale nii, nagu teile meeldib.
b) Seejärel eemaldage lilled ja ürdid ning asetage need mustrisse kõrvale.
c) Sega pannil valge vein ja želatiin.
d) Sega, kuni želatiin on täielikult lahustunud ja segu on selge.
e) Tõsta tulelt ja pane kastrul suuremasse jääga täidetud anumasse.
f) Jätkake segamist, kuni see pakseneb.
g) Aseta juust nõude kohale restile, et glasuurilt tilgad kinni saaksid.
h) Tõsta želatiin juustule ja määri ühtlaselt laiali.
i) Tõsta 15 minutiks külmkappi, seejärel eemalda külmkapist ja määri lusikaga lilledele veel glasuuri.
j) Serveeri kreekeritega.

53.Summeeritud violetsed

KOOSTISOSAD:
- ½ tassi - vesi
- 1 tass suhkrut, granuleeritud
- Mandli ekstrakt või roosivesi
- Värsked kannikesed või
- Värsked roosi kroonlehed

JUHISED:
a) Need on magustoidu kaunistused.
b) Valmista siirup, segades pannil vett suhkruga.
c) Keeda kuni veidi pakseneb.
d) Sega maitse järgi mandliekstrakti. Lase siirupil veidi jahtuda.
e) Asetage kannikesed paar kaupa siirupisse.
f) Veenduge, et need oleksid täielikult kaetud.
g) Eemalda siirupist ja aseta vahapaberile kuivama.
h) Kui siirup muutub kõvaks, soojendage uuesti, lisades veidi vett.

54.Röstitud krüsanteem Sibulad

KOOSTISOSAD:
- 16 kollast sibulat
- 1 tl Suhkur
- ¼ tassi kanapuljongit
- 3 supilusikatäit soolata võid

JUHISED:
a) Kuumuta ahi 450 kraadini F.
b) Lõika iga sibula juureots terava noaga tasaseks nii, et see jääks terveks, kuid jääks püsti.
c) Seistes iga sibula juure otsas, lõigake paralleelsed vertikaalsed viilud ¼-tolliste vahedega sibulasse, kuid mitte läbi, peatudes umbes ¾ tolli juureotsast kõrgemal.
d) Pöörake iga sibulat 90 kraadi ja lõigake paralleelsed vertikaalsed viilud samal viisil, et moodustada ristviirutusmuster, hoides sibulad puutumata.
e) Kergelt võiga määritud madalasse ahjuvormi, mis on nii palju, et sibul avaneks ehk "õis", pane sibul ja juureotsad alla ning puista maitse järgi suhkrut ja soola.
f) Kuumuta pannil puljong ja või mõõdukalt kõrgel kuumusel kuni või on sulanud ning vala sibulatele.
g) Kata sibul fooliumiga ja rösti ahju keskosas 45 minutit või kuni see on pehme.
h) Eemaldage foolium ja röstige sibulat aeg-ajalt pestes veel 30–45 minutit või kuni need on kuldsed.
i) Sibulat võib valmistada 1 päev ette ja jahutada, katta. Enne serveerimist soojendage sibulaid uuesti.

55.Suhkrustatud roosi kroonlehed

KOOSTISOSAD:
- 2 roosi
- 1 munavalge
- 1 tl vett
- 1 tass suhkrut

JUHISED:
a) Laota roosi kroonlehed küpsetuspaberiga kaetud ahjuplaadile.
b) Lisa 1 munavalgele 1 tl vett ja vahusta korralikult läbi.
c) Kasuta kondiitripintslit, kata roosi kroonlehed kergelt munapesuga ja puista kohe üle suhkruga.
d) Asetage tagasi pärgamendipaberile, et roosi kroonlehed üleöö täielikult kuivaksid.
e) Roosi kroonlehed kõvastuvad üleöö ning neid saab säilitada ja ohutult kasutada kuni 3 nädalat.

56. Lilla lilledega infundeeritud mesi

KOOSTISOSAD:
- 2 tassi värskeid sireliõisi, millel on eemaldatud rohelised varred
- 1 ½ tassi toormett, võib-olla natuke rohkem

JUHISED:
a) Lõika sireliõied kääridega varre küljest lahti ja pane pindisesse masonpurki.
b) Kui purk on sireliõisi täis, vala sisse toormett, et õied täielikult kataks.
c) Laske meel veidi aega purki settida, seejärel valage purki veel mett, et lilled kataks.
d) Natukese aja pärast ujuvad sireliõied paratamatult mee otsa ja see on ok.
e) Sulgege purk ja laske meel enne kasutamist tõmmata vähemalt paar päeva ja kuni mitu nädalat, segades lilli nii sageli, kui arvate.
f) Kui oled mett valmis kasutama, saad purgi tipust lillemassi lihtsalt lusikaga välja kühveldada.

57. Kibuvitsa- ja sõstrakaste

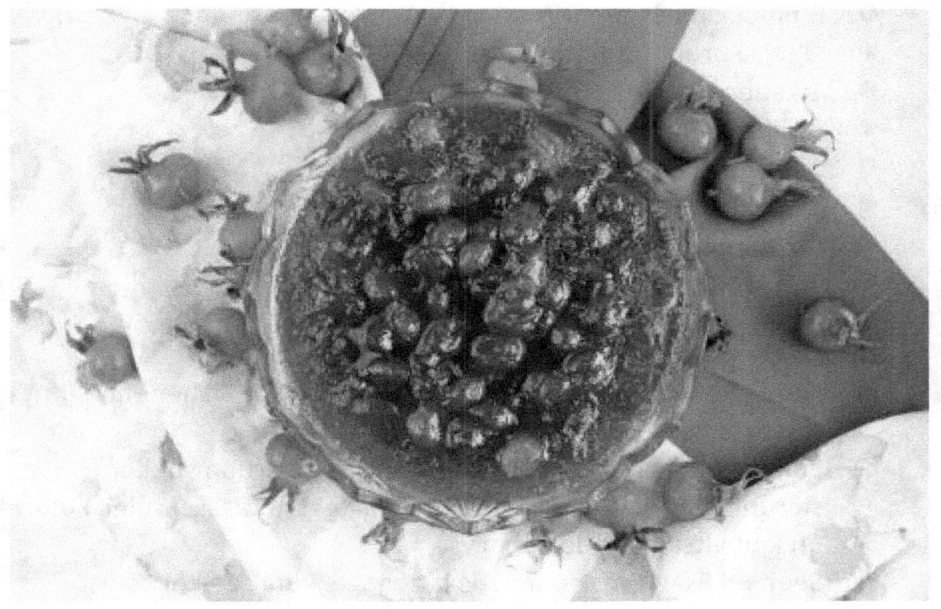

KOOSTISOSAD:
- 1½ tassi vett
- 3 untsi kibuvitsamarju
- ½ tassi pruuni suhkrut
- 1 kaneelipulk
- 3 Hibiski teekotti
- 1 tass sõstratarretis, punane või must
- 1 supilusikatäis sidrunimahla
- 1½ tl Võid
- ½ tl Jahu

JUHISED:
a) Keeda vett, kaneeli ja taimeteed, kuni vesi on vähenenud ühe tassi võrra.
b) Eemaldage kaneel ja taimetee ning lisage pruun suhkur, sidrunimahl ja kibuvitsamarjad ning keetke tasasel tulel, kuni vesi on kibuvitsamarjade kohal.
c) Seejärel lisage sõstratarretis ja segage, kuni see kõik on lahustunud, jätkake podisemist viis minutit, kogu aeg segades ja hoolikalt jälgides, et see ei kõrbeks.
d) Sega või ja jahu korralikult läbi ning sega sõstratarretise segusse, kuni see pakseneb.
e) Tõsta segu tulelt, see on kasutusvalmis.

JOOGID

58.Matcha ja Nasturtiumi smuutikauss

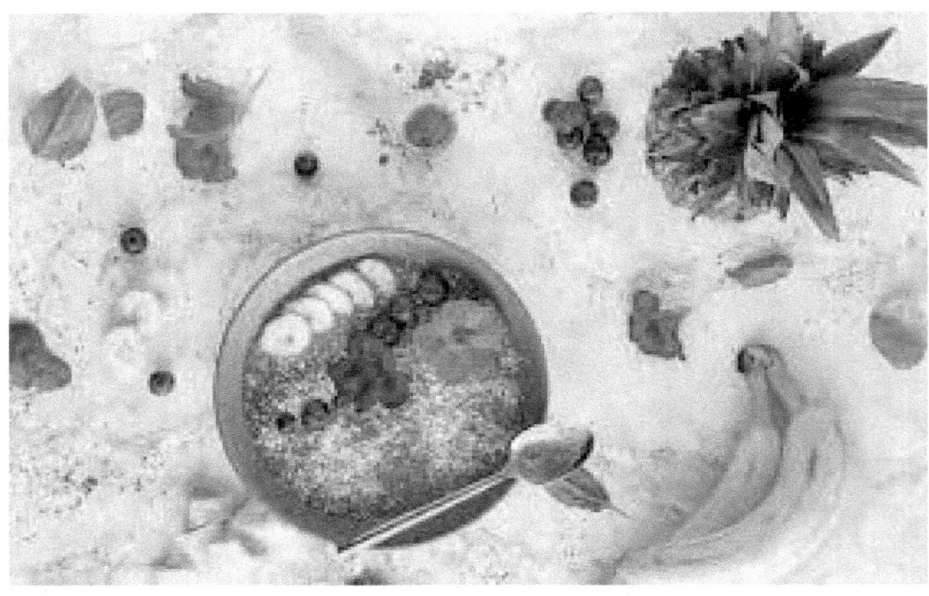

KOOSTISOSAD:
- 1 tass spinatit
- 1 külmutatud banaan
- ½ tassi ananassi
- ½ tl kvaliteetset matcha pulbrit
- ½ tl vaniljeekstrakti
- 1/3 tassi magustamata mandlipiima

TOPPING
- Chia seemned
- Nasturtium

JUHISED:
a) Aseta kõik smuuti koostisosad blenderisse. Pulse ühtlaseks ja kreemjaks.
b) Vala smuuti kaussi.
c) Puista üle lisanditega ja söö kohe.

59.Mustika lavendli vesi

KOOSTISOSAD:
- ½ tassi mustikaid
- 4 tassi vett
- Lavendel söödavad lilled

JUHISED:
a) Pane koostisosad kannu.
b) Seejärel jahutage vett vähemalt pool tundi.
c) Kurna ja vala enne serveerimist jääkuubikutele.

60. Virsiku smuutikauss

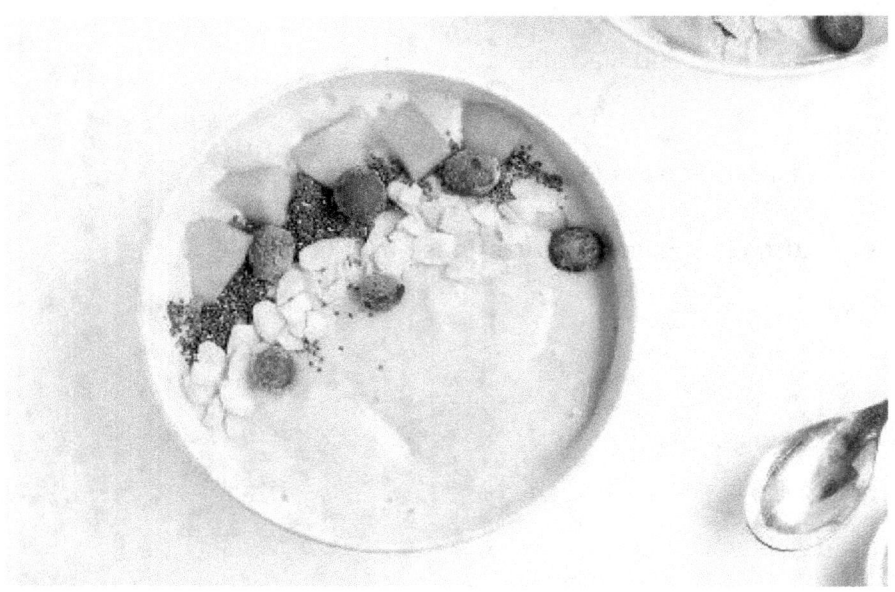

KOOSTISOSAD:
- 2 tassi virsikuid, külmutatud
- 1 banaan, külmutatud
- 1½ tassi magustamata vanilje mandlipiima
- 1 supilusikatäis kanepiseemneid
- Segatud marjad
- söödavad lilled
- värske virsiku viilud
- värsked ananassi viilud

JUHISED:
a) Lisage kõik koostisosad, välja arvatud söödavad lilled, värsked virsikuviilud ja värsked ananassiviilud, segisti tassi ning blenderdage ühtlaseks massiks, olge ettevaatlik, et mitte üle segada.
b) Kata pealt söödavate lillede, värskete virsikuviilude, värskete ananassiviiludega või mis tahes muu enda valitud lisandiga.

61. Magusa lavendlipiima keefir

KOOSTISOSAD:
- 4 tassi piima keefirit.
- 2 spl kuivatatud lavendli õiepäid.
- Orgaaniline roosuhkur või stevia

JUHISED:
a) Valmista traditsiooniline piimakeefir, lastes keefiril 24 tundi toatemperatuuril käärida.
b) Kurna keefiri terad välja ja tõsta need värske piima juurde.
c) Sega lavendli õiepead piimakeefiri hulka. Ärge lisage õiepäid, kui keefiri terad on veel keefiris.
d) Aseta keefirile kaas peale ja lase üleöö toatemperatuuril seista. Teine käärimine peaks kestma 12–24 tundi.
e) Kurna keefir, et õiepeadest lahti saada.
f) Lisa roosuhkur või stevia. Sega magusaine keefiri hulka.

62. Tervendav kuslapuu tee

KOOSTISOSAD:
- 4 tassi vett
- 2 tassi värskeid kuslapuu õisi
- 1 tl mett

JUHISED:
a) Kuslapuutee valmistamiseks koguge avatud kuslapuu õied, riisudes need aluselt, nii jääb nektar alles.
b) Asetage peotäis lilli müüripurki.
c) Lase 4 tassi vett keema tõusta, seejärel tõsta tulelt ja oota 2 minutit.
d) Valage kuum vesi purgis olevatele lilledele.
e) Laske segul leotamise ajal toatemperatuurini jahtuda.
f) Serveeri jääkuubikutega ja säilita ülejäänud tee külmikus.

63. Krüsanteemi ja leedriõie tee

KOOSTISOSAD:
- 1/2 supilusikatäit krüsanteemi lilli
- 1/2 supilusikatäit leedriõisi
- 1/2 supilusikatäit piparmünti
- 1/2 supilusikatäit nõgese lehti

JUHISED:
a) Asetage kõik koostisosad teekannu, katke 10 fl untsi keeva veega, laske tõmmata ja serveerige.
b) Joo 4 tassi päevas heinapalaviku hooajal.

64.Kummeli ja apteegitilli tee

KOOSTISOSAD:
- 1 tl kummeliõisi
- 1 tl apteegitilli seemneid
- 1 tl nurmenukku
- 1 tl vahukommi juur, peeneks hakitud
- 1 tl raudrohi

JUHISED:
a) Pane ürdid teekannu.
b) Keeda vesi ja lisa teekannu.
c) Lase 5 minutit tõmmata ja serveeri.
d) Joo 1 kruus infusiooni 3 korda päevas.

65. Võilille ja takja tee

KOOSTISOSAD:
- 1 tl võilillelehti
- 1 tl takjas lehti
- 1 teelusikatäis kirsu ürti
- 1 tl punase ristiku õisi

JUHISED:
a) Pange kõik koostisosad teekannu, valage keeva veega, laske 15 minutit tõmmata ja serveerige.
b) Joo kogu päeva kuumalt või külmalt.

66. Yarrow ja Calendula tee

KOOSTISOSAD:
- 1 tl raudrohi
- 1 tl saialilleõisi
- 1 tl daami mantlit
- 1 tl verbeni
- 1 tl vaarikalehte

JUHISED:
a) Pange kõik koostisosad teekannu, valage keeva veega, laske 15 minutit tõmmata ja serveerige.
b) Joo kogu päeva kuumalt või külmalt.

67.Skullcap ja Apelsini Lille Tee

KOOSTISOSAD:
- 1 tl pealuukübarat
- 1 tl apelsiniõied
- 1 tl naistepuna
- 1 tl puidust betooni
- 1 tl melissi

JUHISED:
a) Pange kõik koostisosad teekannu, valage keeva veega, laske 15 minutit tõmmata ja serveerige.
b) Joo kogu päeva kuumalt või külmalt.

68. Calendula Lilled külmahooldustee

KOOSTISOSAD:
- Näpista saialilleõisi
- Näpista salvei lehti
- Näpista hibiski õisi
- Näpista leedrililli
- 2 tassi vett , keedetud
- Kallis

JUHISED:
a) Asetage saialill, salvei, hibisk ja leedrililled klaaspurki.
b) Lisage purki keedetud vesi.
c) Sulgege kaanega ja laske 10 minutit tõmmata.
d) Lisa mett.

69. Coltsfoot Lilled Tee

KOOSTISOSAD:
- 2-osalised kibuvitsad
- 1-osaline sidrunmeliss
- 2 tassi vett
- 1-osaline vahukommi juur
- 1-osaline Mullein
- 1-osalised Coltsfoot lilled
- 1-osaline Osha juur

JUHISED:
a) Lisa potti vesi.
b) Lisa vahukomm ja osha juured.
c) Lase keeda 10 minutit
d) Lisa ülejäänud koostisosad.
e) Lase veel 7 minutit tõmmata.
f) Kurna.

70.Roheline kibuvitsa tee

KOOSTISOSAD:
- 2 tassi vett
- 1 rohelise tee kott
- 2 näputäis Cayenne'i
- 1 orgaaniline sidrun, pressitud
- 2 t a b le s pooni mahe kibuvitsamarju
- 2 tl vahtrasiirupit

JUHISED:
a) Keeda vett.
b) Lisa tassi teekott ja kibuvitsamarjad.
c) Kata keeva veega.
d) Lase tõmmata 10 minutit.
e) Pigista sidrun ja mahl tassi.
f) Sega hulka vahtrasiirup.
g) Lisa Cayenne'i pulber.

71.Echinacea immuunsüsteemi toetav tee

KOOSTISOSAD:
- ¼ tassi ehhinatseat
- ¼ tassi leedrimarju
- ¼ tassi astragalust
- ¼ tassi kibuvitsamarju
- ¼ tassi kummelit

JUHISED:
a) Sega kõik läbi ja pane klaaspurki.
b) Kasutage 2 teelusikatäit ühe tassi kuuma vee kohta.
c) Lase tõmmata 10 minutit.

72.Punane ristikhein Õitsemas Tonic Tea

KOOSTISOSAD:
- 4 osa nõgeselehte
- 3 osa rohemündi lehte
- 2-osaline mulleini leht
- 1-osaline ingverijuur
- 2-osaline võililleleht ja juur
- 3 osa melissi
- 2-osalised punase ristiku õied
- 1-osaline kibuvits

JUHISED:
a) Kombineeri kõik kuivained.
b) Keeda 4 tassi vett ja vala kuum vesi teesegule.
c) Laske 15 minutit tõmmata ja kurnake ürdid välja.

73. Roosa must tee

KOOSTISOSAD:
- 2-osalised roosi kroonlehed
- 1 osa musta teed

JUHISED:
a) Kombineerige koostisained purki.
b) Asetage üks teelusikatäis teed sõela.
c) Valage tee peale kaheksa untsi keeva vett.
d) Lase tõmmata 5 minutit.

74.Tervendav kuslapuu tee

KOOSTISOSAD:
- 4 tassi filtreeritud vett
- 1 tl mett
- 2 tassi värskeid kuslapuu õisi

JUHISED:
a) Asetage lilled müüripurki.
b) Laske vesi keema, seejärel jahutage 2 minutit.
c) Valage kuum vesi purgis olevatele lilledele.
d) Hauta paar minutit.
e) Serveeri jääkuubikutega.

75.Õis Tisane

KOOSTISOSAD:
- 10 värsket kummeliõit
- 20 punga lavendliõiest
- 10 värsket palavikuõit

JUHISED:
a) Asetage lilled potti.
b) Vala 1 tass kuuma vett lillede peale.
c) Hauta 4 minutit.
d) Kurna kruusi sisse.

76.Krüsanteemi tee Gojiga

KOOSTISOSAD:
- 4 tassi keeva veega
- 1 T a b le s poon Krüsanteemi õied
- 1 T a b le s poon goji marju
- 4 kivideta punast datlit
- Kallis

JUHISED:
a) Lisa potti krüsanteemiõied, datlid ja goji marjad.
b) Lisa 4 tassi kuuma keeva vett.
c) Lase tõmmata 10 minutit.
d) Kurna ja lisa mesi.

77. Võililleõie tee

KOOSTISOSAD:
- ¼ tassi võililleõie s
- 500 ml keeva veega
- ½ tl mett
- Sidrunimahl _

JUHISED:
a) Asetage võililleõie otsad teekannu.
b) Keeda vesi ja vala kuum vesi võililleõitele.
c) Jäta 5 minutiks tõmbama.
d) Kurna lilled välja.
e) Lisa mesi ja sidrun .

78.Liblikas herne lille tee piim

KOOSTISOSAD:
- 1 tl siniherneõite teed
- 8 untsi vett
- ½ tassi piima
- 1 tl mett

JUHISED:
a) Lisage lahtised teelehed infusiooninõusse.
b) Valage tassi kuuma vett.
c) Laske 5 minutit tõmmata. Ärge ületage.
d) Aurutage piim.
e) Valage kuum vesi kruusi.
f) Vala peale piim.
g) Tõsta peale tilk mett.

79.Hibiscus LilleteePiim

KOOSTISOSAD:
- 2 tl kuivatatud hibiskiõisi, purustatud
- ¼ tl roosivett
- Kaunistuseks hibisk ja roosi kroonlehed
- ¼ tassi keedetud vett
- ¾ tassi piima, vahustatud
- 2 teelusikatäit mett

JUHISED:
a) Viige vesi keemistemperatuurini.
b) Asetage kuivatatud hibiskiõied teesõela korvi.
c) Hauta teed umbes 5 minutit.
d) Eemaldage teesõel.
e) Sega tee sisse roosivesi ja magusaine.
f) Lisa soe vahustatud piim ja kaunista.

80. Valerian Juur Super lõõgastav tee

KOOSTISOSAD:
- 1 tl kuivatatud palderjani juur
- 1 tl kuivatatud Kummeliõied

JUHISED:
a) teekannu koos kõigi koostisosadega 2 kruusitäit kuuma vett .
b) S teep 5 minutit.
c) Kurna või eemalda teekotid.
d) Lisa mett .

81. naistepuna Rahustav tee

KOOSTISOSAD:
- 1 unts sidrunmelissi
- 1-unts kummeliõied
- ½ untsi naistepuna

JUHISED:
a) Leota segu 1 tassi keedetud vees.
b) Kata kaanega 10 minutit ja kurna.

82. Noorendav tee

KOOSTISOSAD:
- 1-osaline kibuvits
- 1-osalised saialilleõied
- 1-osaline gallum f alandab
- 1-osalised kurgirohu lilled
- 1 5osa nõgese lehti

JUHISED:
a) Asetage kõik ürdid teekotti , asetage kruusi ja katke keeva veega .
b) Hauta 10 minutit.
c) Eemaldage teepakk ja lisage magusaine.

83. Nohu ja häälekähedus Tee

KOOSTISOSAD:
- 2 untsi Malva lilled
- 1 ½ untsi mulleini lilled

JUHISED:
a) Leota 10 minutit 1 tassis kuumas vees. , tüvi.
b) Joo 2 tassi päevas .

84. Pärnaõie taimetee

KOOSTISOSAD:
- Kott kuivatatud pärnaõitega
- Keev vesi

JUHISED:
a) Asetage kuivatatud lilled potti .
b) Valage keevasse vette ja laske sellel neli minutit tõmmata .

85.Popurri tee

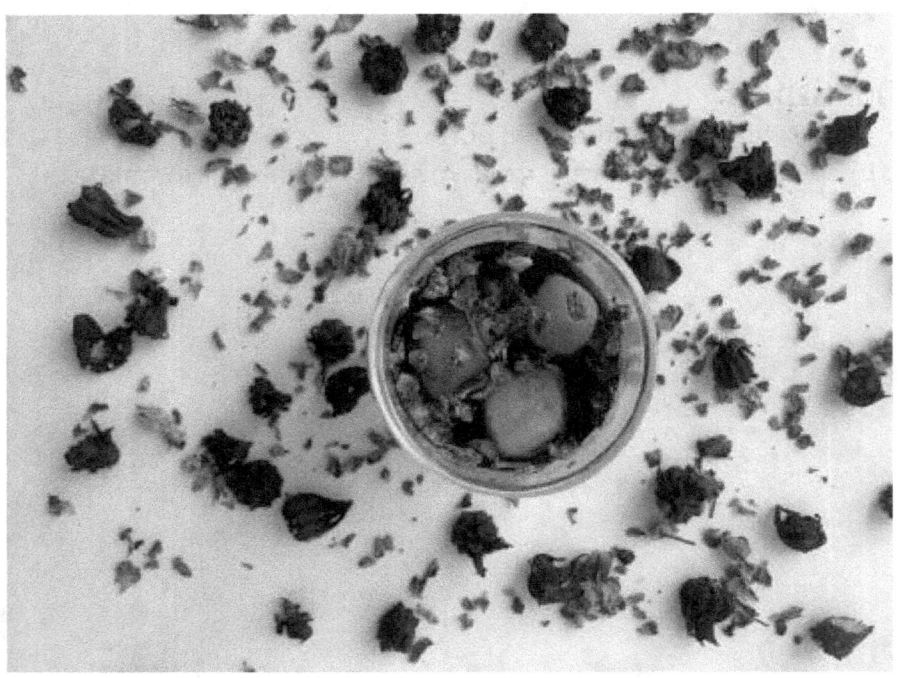

KOOSTISOSAD:
- 3 pulgad kaneelikoort , murenenud
- 1 spl jahvatatud muskaatpähkel
- 2 untsi kuivatatud apelsini kroonlehti
- 2 spl Cassia koort , purustatud
- 4 Terve tähtaniis
- 8 untsi musta teed
- 3 untsi Kuivatatud hibiskiõied
- Mõned pipraveski pöörded
- 1 unts Jämedalt riivitud värske apelsinikoor
- 1 tl Terve nelk , uhmris uhmerdatud

JUHISED:
a) Sega kõik koostisained kätega segistikausis.
b) Seejärel laota lamedale korvile või alusele ja kuivata paar tundi.
c) Kasutage poti kohta ühte kuhjaga supilusikatäit.

86. Punase ristiku tee

KOOSTISAINE S:
- ¼ tassi värsket punast ristikut
- Õied, mõne lehega
- Sidrun
- Kallis
- Värsked piparmündilehed
- Mitu võilillelehte

JUHISED:
a) Asetage õied ja lehed teekannu.
b) Täida keeva veega, kata kaanega ja lase tõmmata 10 minutit .
c) Kurna tassi, lisa sidrunit ja maiusta meega.

87. Roosi ja lavendli vein

KOOSTISOSAD:
- 1 pudel Pinot Grigiot
- 5 roosi kroonlehte
- 2 lavendli vart

JUHISED:
a) Lisa ürdid otse avatud veinipudelisse.
b) Sulgege tihedalt.
c) Lasta 3 päeva jahedas või külmkapis.
d) Kurna roosi kroonlehed ja lavendel.
e) Serveeri klaasis.
f) Kaunista roosi kroonlehtede ja lavendliga.

MAGUSTOIT

88.Mustika lavendli jõhvika krõps

KOOSTISOSAD:
- 3 tassi mustikaid
- 1 tass jõhvikaid
- ½ tl värskeid lavendliõisi
- ¾ tassi suhkrut
- 1-½ tassi purustatud kaerahelbed Graham kreekerid
- ½ tassi pruuni suhkrut
- ½ tassi sulatatud võid
- ½ tassi viilutatud mandleid

JUHISED:
a) Kuumuta ahi 350 kraadini F.
b) Kombineeri mustikad, jõhvikad, lavendliõied ja suhkur.
c) Sega hästi ja vala 8 x 8-tollisele ahjupannile.
d) Kombineeri purustatud kreekerid, pruun suhkur, sulatatud või ja viilutatud mandlid.
e) Murenda üle täidise peal.
f) Küpseta 20–25 minutit, kuni täidis on mullitav.
g) Enne serveerimist jahuta vähemalt 15 minutit.

89. Rabarberi-, roosi- ja maasikamoos

KOOSTISOSAD:
- 2 naela rabarberit
- 1 kilo maasikaid
- ½ naela tugevalt lõhnavaid roosi kroonlehti
- 1½ naela suhkrut
- Kõrvale jäeti 4 mahlast sidrunit koos seemnetega

JUHISED:
a) Viiluta rabarber ja kihiti kaussi koos tervete kooritud maasikate ja suhkruga. Vala peale sidrunimahl, kata kaanega ja jäta üleöö seisma.
b) Valage kausi sisu mittereaktiivsele pannile. Lisa musliinikotti seotud sidruniseemned ja kuumuta õrnalt keemiseni. Keeda 2 minutit, seejärel vala panni sisu tagasi kaussi. Kata ja jäta veel kord üleöö jahedasse seisma.
c) Pane rabarberi-maasikasegu tagasi pannile.
d) Eemaldage roosi kroonlehtede põhjalt valged tipud ja lisage kroonlehed pannile, surudes need hästi puuviljade vahele.
e) Kuumuta keemiseni ja keeda kiiresti, kuni saavutatakse tardumistemperatuur, seejärel vala soojadesse steriliseeritud purkidesse.
f) Tihendage ja töödelge.

90.Apelsini-saialille tilgaküpsised

KOOSTISOSAD:
- 6-8 värsket saialilleõite, pestud, kroonlehed eemaldatud ja lillepõhi visatud
- ½ tassi võid pehmendatud
- ½ tassi suhkrut
- 2 apelsini riivitud koor
- 2 spl apelsinimahla kontsentraati, sulatatud
- 1 tl vanilli
- 2 muna, kergelt lahtiklopitud
- 2 tassi jahu
- 2 ½ teelusikatäit küpsetuspulbrit
- ¼ teelusikatäit soola
- 1 tass mandli poolikuid

JUHISED:
a) Kuumuta ahi 350 kraadini F.
b) Määri kaks küpsiselehte kergelt õliga.
c) Vahusta või, suhkur ja apelsinikoor kohevaks vahuks.
d) Lisa apelsinimahla kontsentraat ja vanill. Sega hulka munad, sega kuni segunemiseni. Sõelu omavahel jahu, küpsetuspulber ja sool.
e) Blenderda saialille kroonlehed ja kuivained kooresegusse.
f) Tõsta tainas teelusikatäite kaupa küpsiseplaadile.
g) Suru iga küpsise sisse mandlipoolik.
h) Küpseta 12–15 minutit, kuni see on kuldpruun.

91. Jogurti parfee mikrohaljastega

KOOSTISOSAD:
- ½ tassi tavalist või vaniljejogurtit
- ½ tassi murakad
- ¼ tassi granolat
- 1 tl kohalikku mett
- näputäis saialille mikrorohelisi

JUHISED:
a) Laota parfee tassi jogurt ja marjad.
b) Lõpetamiseks lisage tilk kohalikku mett, granola, näpuotsatäis saialille mikrorohelist ja üks marja!

92.Porgandlille miniatuursed pätsid

KOOSTISOSAD:
- 3 supilusikatäit sojakastet
- 1½ tl ingverit, riivitud
- ¼ teelusikatäit soola
- 1 tass riisi, keedetud
- 2½ tassi porgandit, hakitud
- 1 muna
- 1 spl äädikat, riisi
- 2 küüslauguküünt, hakitud
- 1 nael Türgi, jahvatatud
- ¾ tassi rohelist sibulat, hakitud
- ½ tassi veekastaneid, hakitud
- 2 spl Õli

JUHISED:
a) Sega kõik koostisosad, välja arvatud 2 c. porganditest ja õlist.
b) Vormi 12 2-tollist lihapalli. Kombineeri ülejäänud porgand ja õli. Veereta lihapallid porgandites. Aseta võiga määritud muffinivormidesse, puista peale porgandijäägid ja kata fooliumiga.
c) Küpseta 375 kraadi juures 25 minutit. Eemalda foolium ja küpseta veel 5 minutit, kuni porgandiotsad hakkavad pruunistuma.
d) Lase enne serveerimist 5 minutit seista.

93. Aniisi iisopi küpsised

KOOSTISOSAD:
- ½ tassi aniisi iisopi õisi, tükeldatud
- 3 muna
- 1 tass Suhkur
- ½ tl vanilli
- 2 tassi Jahu
- 1 tl Küpsetuspulber
- ½ teelusikatäit soola

JUHISED:
a) Klopi munad paksuks ja sidrunivärviliseks.
b) Lisa suhkur ja õie kroonlehed ning klopi 5 minutit. Lisa vanilje.
c) Lisa munasegule jahu, küpsetuspulber ja sool. Jätkake peksmist veel 5 minutit.
d) Tõsta tainast teelusikatäie kaupa rasvaga määritud küpsetuspaberiga kaetud ahjuplaatidele, asetades need üksteisest hästi.
e) Küpseta 325 F juures 12 kuni 15 minutit.

94.Sidruni Pansis pirukas

KOOSTISOSAD:
- Kondiitritainas
- 2 muna
- 3 munakollast
- ¾ tassi suhkrut
- ½ tassi sidrunimahla
- 1 spl riivitud sidrunikoort
- 1 tass rasket koort
- 1 pakk maitsestamata želatiini
- ¼ tassi vett
- Kristalliseerunud pansid

JUHISED:
a) Klopi 1-liitrises kastrulis vispliga lahti munad, munakollased, suhkur, sidrunimahl ja koor.
b) Keeda tasasel tulel puulusikaga pidevalt segades, kuni segu pakseneb ja katab lusika umbes 10 minutit.
c) Kurna ja tõsta kõrvale.
d) Kui küpsetis on jahtunud, soojendage ahi temperatuurini 400'F. Rulli tainas kahe jahuse vahapaberi lehe vahel 11-tolliseks ringiks. Eemaldage ülemine paberileht ja pöörake küpsetis 9-tolliseks pirukaplaadiks, lastes üleliigsel üle serva ulatuda.
e) Eemaldage ülejäänud vahatatud paberileht. Voldi üleliigne tainas alla nii, et see oleks plaadi äärega ühtlane.
f) Torgake kahvliga kondiitri põhja ja külje ümbert läbi, et vältida kokkutõmbumist. Vooderda tainas alumiiniumfooliumiga ja täida keetmata kuivatatud ubade või pirukaraskustega.
g) Küpseta saiakoori 15 minutit, eemalda foolium ubadega ja küpseta 10–12 minutit kauem või kuni koorik on kuldne. Jahuta koorik restil täielikult maha.
h) Kui tainakoor on jahtunud, vahusta koor pehmete tippude moodustumiseni ja tõsta kõrvale.
i) Sega pannil želatiin ja vesi ning kuumuta tasasel tulel segades, kuni želatiin lahustub.
j) Sega želatiinisegu jahtunud sidrunisegu hulka. Sega vahukoor sidrunisegu hulka, kuni see on segunenud. Määri sidrunikreemitäidis taignapõhjale ja pane 2 tunniks või kuni tahkeks külmkappi.
k) Enne serveerimist aseta pannid soovi korral piruka servale ja keskele.

95. Kummeli küpsised

KOOSTISOSAD:
- ¼ tassi kummeli lilli
- ½ tassi pehmendatud võid
- 1 tass Suhkur
- 2 muna
- ½ tl vaniljeekstrakti
- 1¾ tassi jahu

JUHISED:
a) Haki kummeliõied ettevaatlikult ja tõsta kõrvale.
b) Vahusta või ja munad ning vanill.
c) Sega hulka jahu ja kummel.
d) Tõsta teelusikatäite kaupa kergelt määritud küpsiseplaadile.
e) Küpseta 300' juures 10 minutit.

96.Maasika ja kummeli sorbett

KOOSTISOSAD:
- ¾ tassi vett
- ½ tassi mett
- 2 spl kummeli tee pungad
- 15 suurt maasikat, külmutatud
- ½ tl jahvatatud kardemoni
- 2 tl Värskeid piparmündi lehti

JUHISED:
a) Lase vesi keema ja lisa mesi, kardemon ja kummel.
b) 5 minuti pärast eemaldage kuumusest ja jahutage, kuni see on väga külm.
c) Pane külmutatud maasikad köögikombaini ja haki peeneks.
d) Lisa jahutatud siirup ja sega ühtlaseks massiks.
e) Tõsta lusikaga välja ja säilita anumas sügavkülmas. Serveeri piparmündilehtedega.

97. Nelk Marshmallow Fudge

KOOSTISOSAD:
- 2 supilusikatäit võid või margariini
- ⅔ tassi lahjendamata aurutatud piima
- 1½ tassi granuleeritud suhkrut
- ¼ teelusikatäit soola
- 2 tassi miniatuurseid vahukomme
- 1½ tassi poolmagusaid šokolaaditükke
- 1 tl vaniljeekstrakti
- ½ tassi hakitud pekanipähklit või kreeka pähkleid

JUHISED:
a) Või 8-tolline kandiline pann.
b) Sega pannil või, aurutatud piim, suhkur ja sool.
c) Kuumuta pidevalt segades keemiseni.
d) Keeda pidevalt segades 4–5 minutit ja eemalda tulelt.
e) Sega hulka vahukommid, morss, vanill ja pähklid.
f) Segage intensiivselt 1 minut või kuni vahukommid täielikult sulavad.
g) Vala pannile. Jahuta ja lõika ruutudeks. Vihje Paksema fudge'i saamiseks kasutage 7x5-tollist leivavormi.

98. Violetne jäätis

KOOSTISOSAD:
- 1 tass rasket koort
- 2 tassi peent värsket täistera leivapuru
- ¼ tassi kristalliseeritud toorsuhkrut
- Kristalliseerunud kannikesed

JUHISED:
a) Vahusta koor tugevaks vahuks. Voldi hulka riivsai ja suhkur.
b) Jahuta sügavkülmas, kuni see on jäik, kuid mitte kõva.
c) Enne serveerimist segage sisse paar kristalliseerunud kannikest ja kaunistage iga portsjon rohkema samaga.

99. Violetne suflee

KOOSTISOSAD:
- 9 untsi granuleeritud suhkrut
- 8 munakollast
- 8 tilka violetset essentsi
- 12 suhkrustatud kannikest, purustatud või tükeldatud
- 12 munavalget
- 1 näputäis soola
- Või
- Granuleeritud suhkur
- Kondiitri suhkur

JUHISED:
a) Vahusta suhkur ja munakollased kahvatuks ja paksuks.
b) Lisa kannikeseessents ja suhkrustatud kannikesed.
c) Vahusta munavalged soolaga tugevaks vahuks. Voldi kokku.
d) Määri sufleevormi sisemus võiga ja määri peale nii palju suhkrut, et või külge jääb.
e) Valage suflee segu sisse. Küpsetage 15 minutit 400 kraadi juures.
f) Puista kondiitri suhkur üle ja pane ahju veel 5 minutiks tagasi.
g) Serveeri kuumalt.

100. Maasikas, mango ja roos Pavlova

KOOSTISOSAD:
- 6 munavalget
- ⅛ teelusikatäis hambakivikreemi
- näputäis soola
- 1 ½ tassi suhkrut
- 1 tl sidrunimahla
- ¼ tl roosivett või ½ tl vaniljet
- 2 ½ tl maisitärklist
- 4 tassi viilutatud mangot ja maasikaid
- 2 spl suhkrut
- 1 ½ tassi vahukoort
- ½ tassi mascarpone juustu
- Söödavad roosad roosi kroonlehed

JUHISED:
a) Kuumuta ahi temperatuurini 250 °F.
b) Vooderda küpsetusplaat pärgamendiga.
c) Joonistage paberile 9-tolline ring. Pöörake paber nii, et ring oleks tagaküljel.

BESESEKS
d) Vahusta vispliga varustatud mikseri kausis munavalged, hambakivi ja sool, kuni moodustuvad pehmed tipud.
e) Lisage 1 ½ tassi suhkrut, 1 supilusikatäis korraga, vahustades suurel kiirusel, kuni moodustuvad jäigad tipud ja besee ei ole enam sõmer, kraapides vajadusel kaussi. Vahusta sidrunimahl ja roosivesi. Kasutades kummist spaatlit, voldi õrnalt sisse maisitärklis.
f) Määri besee pärgamendile ringikujuliselt, kergita servi veidi, et moodustuks kest.
g) Küpseta 1 ½ tundi.
h) Lülitage ahi välja ja laske suletud uksega ahjus 1 tund kuivada.
i) Jahuta restil plaadil täielikult maha.

KREEMISEGU
j) Viska kausis mango ja marjad 2 sl suhkruga. Lase seista 20 minutit.
k) Vahepeal klopi mikseriga kausis koor ja mascarpone, kuni moodustuvad pehmed tipud.
l) Aseta beseekoor vaagnale.
m) Määri kooresegu beseekoore sisse. Kõige peale lusikaga puuviljasegu.
n) Serveeri kohe.

KOKKUVÕTE

Lõpetades meie pungade ja õite kulinaarse uurimise, ei jäta "Pungade ja õite täielik kokaraamat" teile mitte ainult retseptide kogu, vaid ka uue tunnustuse looduse poolt pakutavate söödavate imede vastu. Inspireerigu need lehed teid lilleliste maitsete ilu omaks võtma, muutes iga toidukorra meelte pidusöögiks.

Kui asute oma kulinaarsetele seiklustele söödavate lilledega, võivad selle kokaraamatu retseptid olla teejuhiks, julgustades teid oma roogadesse lisama õitsemise lummavat olemust. Laske õrnadel kroonlehtedel ja erksatel värvidel oma eineid tõsta, luues nii maitsva kui ka visuaalselt kütkestava einestamiskogemuse. Tervist maailmale, kus iga suutäis tähistab looduse ilu ja söödavate lillede kunstilisust!

www.ingramcontent.com/pod-product-compliance
Lightning Source LLC
Chambersburg PA
CBHW071822110526
44591CB00011B/1179